NZZ LIBRO

Benedikt Weibel

Wir Mobilitäts-menschen

Wege und Irrwege zu einem nachhaltigen Verkehr

NZZ Libro

Bibliografische Information der Deutschen Nationalbibliothek

Die Deutsche Nationalbibliothek verzeichnet diese Publikation
in der Deutschen Nationalbibliografie; detaillierte bibliografische Daten
sind im Internet über http://dnb.d-nb.de abrufbar.

Lektorat: Sigrid Weber, Freiburg i. Br.
Umschlag: TGG Hafen Senn Stieger, St. Gallen
Gestaltung, Satz: Gaby Michel, Hamburg
Druck und Einband: CPI books GmbH, Leck

ISBN 978-3-907291-56-6
ISBN E-Book 978-3-907291-57-3
www.nzz-libro.ch
NZZ Libro ist ein Imprint der Schwabe Verlagsgruppe AG.

FSC
www.fsc.org
MIX
Papier aus verantwortungsvollen Quellen
FSC® C083411

Inhalt

1. Vom Wert der Mobilität

Raum und Zeit bestimmen unseren Blick auf die Welt. Die Bewegung von Menschen und Dingen in Raum und Zeit nennen wir Mobilität.

Raum und Zeit

Eine Bewegung ist bestimmt durch den Ausgangspunkt, das Ziel und die Verschiebungsgeschwindigkeit. Verkehrsplaner erfassen das Mobilitätsmuster in einer Darstellung, die sie OD-Matrix nennen. O steht für «origin», D für «destination». Mit der OD-Matrix wird die Vergangenheit erfasst und die Zukunft modelliert.

In der frühen Geschichte der Zivilisation wurde das Mobilitätsmuster durch die Ganggeschwindigkeit des Menschen und die Geschwindigkeit von Wasserfahrzeugen bestimmt. Als 3000 v. Chr. das Wildpferd domestiziert wurde, stieg die durchschnittliche Verschiebungsgeschwindigkeit von pferdeunterstützten Landtransporten auf 15 km/h und erreichte damit etwa die der Schifffahrt. Bis Anfang des 19. Jahrhunderts blieb diese Geschwindigkeit konstant. 1822 dauerte eine Fahrt mit der Postkutsche von Frankfurt am Main nach Stuttgart 25 Stunden. Pferde- und Personalwechsel drückten die Durchschnittsgeschwindigkeit auf 8 km/h.[1]

Mit der Erfindung des Segels begann die Geschichte der Seefahrt, die die OD-Matrix fundamental veränderte. Als erste Seefahrer gelten Mitte des 4. Jahrtausend v. Chr. die Ägypter. 1000 Jahre später wurde ein reger Handel mit der Levanteküste betrieben. Um 1000 v. Chr. hatten die Phönizier ein maritimes Handelsimperium ausgebaut. Sie segelten bis zur Straße von Gibraltar und hinaus auf den Atlantik. In der klassischen Antike waren das ganze Mittelmeer und das Schwarze Meer «umfassend merkantil vernetzt».[2] Die Römer stießen bis nach Britannien vor. Gegen Ende des 1. Jahrtausends entwickelten die Wikinger besonders schnelle, mit Riemen und Segeln angetriebene Langschiffe, mit denen sie auch mit relativ hoher Geschwindigkeit Flüsse hochfahren konnten. Sie waren die ersten Seefahrer, die den Mut hatten, ins offene Meer hinauszufahren und entdeckten auf diese Weise Island, Grönland und Neufundland. Neue Horizonte wurden von Vasco da Gama mit der Umfahrung von Afrika nach Indien, Christoph Kolumbus mit der Fahrt nach Bahamas und Fernando de Magallanes mit der Weltumsegelung erschlossen. Die OD-Matrix war weltumspannend geworden.

Mitte des 18. Jahrhunderts wurden erstmals in der Geschichte Bewegungen im Raum großflächig koordiniert. Das Instrument dazu war der von der Post entwickelte «Fahr-Plan». Damit entstand für den Transport von Briefen, Reisenden und Waren ein neues Geschäftsmodell, die «konsequente Berechenbarkeit und Planbarkeit …, also eine überregionale Ordnungsstruktur von Raum und Zeit …»[3] In ganz Europa wurden befestigte Straßen gebaut. Es entwickelte sich ein Transportsystem mit Straßen und Stationen, Karten und Wegweisern, das den europäischen Raum systematisch erschloss.

Die OD-Matrix im Landverkehr, bis dahin ein Flickenteppich vorwiegend lokaler Bewegungen, ließ erstmals seit der Römerzeit eine überregionale Struktur erkennen.

1825 trat die Eisenbahn auf die Weltbühne und löste erst einmal einen Schock aus. Die neuen Sinneseindrücke müssen überwältigend gewesen sein. Zunächst versuchte man, das Neue mit vertrauten Begriffen zu umschreiben. Die Lokomotive war das Dampfross, das fauchend, pfeifend und lärmend mit nie gesehener Geschwindigkeit dahinbrauste und die Postschnecke uralt aussehen ließ. Heinrich Heine beschrieb den «schauerlichen Reiz» des Unbekannten: «… ein unheimliches Grauen, wie wir es immer empfinden, wenn das Ungeheure geschieht, dessen Folgen unabsehbar und unberechenbar sind. … Die Eisenbahnen sind wieder solch ein providentielles Ereignis, das der Menschheit einen neuen Umschwung gibt, das Farbe und Gestalt des Lebens verändert; es beginnt ein neuer Abschnitt in der Weltgeschichte. … Sogar die Elementarbegriffe von Raum und Zeit sind schwankend geworden. Durch die Eisenbahn wird der Raum getötet, und es bleibt nur noch die Zeit übrig.»[4]

Euphorie vermischte sich mit Angst. Die einen verstanden, dass es nicht nur um die Zukunft des Verkehrs ging, sondern um die Zukunft der Gesellschaft. Für sie war die Eisenbahn eine Chance, die man resolut ergreifen musste. Die anderen warnten vor geistiger Unruhe nach Bahnfahrten, vor Delirium furiosum, Gehirnschäden, nicht nur bei den Passagieren, sondern auch bei den am Bahndamm winkenden Zuschauern. Der Romantiker Josef von Eichendorf beklagte, «diese Dampffahrten rütteln die Welt, die eigentlich nur noch aus Bahnhöfen besteht, unermüdlich durcheinander wie ein Kaleidoskop, wo die vorüberjagenden Landschaften, ehe man irgendeine Physiognomie erfasst, immer neue Gesichter schneiden».[5]

Die Visionäre setzten sich durch. 1850 betrug die Länge der weltweiten Bahnnetze bereits 39 000 Kilometer, davon 14 000 in den USA, 10 700 in Großbritannien, 6000 in Deutschland, 3000 in Frankreich und 25 Kilometer in der Schweiz. Die Eisenbahn war ein Produkt der sich zur selben Zeit ausbreitenden Industrialisierung und ermöglichte zugleich erst deren Durchbruch, weil die Transportkosten radikal gesenkt werden konnten. Die Bahnhöfe wurden zu Kathedralen des Industriezeitalters, mit monumentaler Architektur in die Zentren der Städte gesetzt. Waren sie eher peripher gelegen, bewegte sich das Zentrum hin zum Bahnhof. Auf die Spitze getrieben wurde die Bahnhofsarchitektur in Antwerpen, wo die Haupthalle die Aura eines prunkvollen Opernhauses hat.

Die Bahnhöfe wurden zu Ziel- und Kreuzungspunkten im Bahnnetz, wo sich Menschenmassen in noch nie erlebter Art verdichten. Gegen Ende des 19. Jahrhunderts hatte sich die OD-

Matrix vieler Räume auf der Welt fundamental verändert. Die Strecken des Bahnnetzes waren zu den Arterien des Bewegungsmusters geworden. Der durchschnittliche Abstand zwischen O und D hatte sich vervielfacht, ebenso die Anzahl Bewegungen.

Das Fahrrad hat auf dieser OD-Matrix keine nachhaltigen Spuren hinterlassen. Aber gegen Ende des Jahrhunderts öffnete es die Tür zu einer individuell steuerbaren Mobilität. Gegenüber dem Fußmarsch vergrößerte sich der Bewegungsradius erheblich. Das Velo war erschwinglich und wurde zum ersten individuellen Transportmittel breiter Schichten.

Gleichzeitig und einige Erkenntnisse aus dem Fahrradbau übernehmend tüftelten findige Geister an einem Gefährt, für das es noch keinen Namen gab. Der bekannteste unter ihnen war Henry Ford. 1875, er war zwölf Jahre alt, begegnete er das erste Mal in seinem Leben einem nicht von Pferden gezogenen Fahrzeug, einer Lokomobile. Es bestand «aus einer primitiven fahrbaren Maschine mit Kessel und einem hinten angekoppelten Wassertank und Kohlekarren»[6]. Wenig später hieß das Ding Automobil, und bereits 1906 exponierte sich die deutsche *Allgemeine Automobil-Zeitung* mit einer gewagten Vorhersage: «Das Auto, es will dem Menschen die Herrschaft über Raum und Zeit erobern.»[7] Dafür sorgte vor allem Henry Ford, der ein «Auto für alle» bauen wollte, was zu dieser Zeit eine unerhört kühne Vorstellung war. Er wusste, dass das nur gelingen konnte, wenn das Auto möglichst billig war und die Menschen so viel verdienten, dass sie das Auto erwerben konnten. 1908 kam das Modell Ford T auf den Markt. Im ersten Geschäftsjahr wurden 18 664 Fahrzeuge verkauft, im Geschäftsjahr 1920/21 waren es 1 250 000.[8] Der Ford T veränderte die USA von Grund auf: 1922 entstand das erste Einkaufszentrum auf der grünen Wiese, 1923 die erste Stadtautobahn. 1927 besaß bereits jeder fünfte Einwohner ein Auto (in Deutschland betrug das Verhältnis noch 1:196).[9]

Das Auto wurde zum magischen Objekt des 20. Jahrhunderts und das 20. Jahrhundert zum Jahrhundert des Autos. Es erfüllte den Traum von der unbegrenzten Mobilität und wurde zum «bewegten Ich», zum «mobilen Zuhause». Simone de Beauvoir und Jean-Paul Sartre setzten bereits 1938 klare Prioritäten: «Bald würde unser Einkommen zur Anschaffung eines Autos genügen. Meiner Meinung nach war es unsinnig, sein Geld für eine Wohnungseinrichtung auszugeben, statt ein Auto zu kaufen ... Wie unabhängig wären wir dann auf unseren Reisen.»[10] Im Gefolge des Wirtschaftswunders der Nachkriegszeit wurde der Mittelklassewagen zum vorrangigen Konsumziel und zum Statussymbol des Mittelstands, später auch der Arbeiterschaft.

Die boomende Automobilisierung veränderte den Raum von Grund auf. Straßen, Autobahnen, Ampeln, Parkplätze, Tankstellen und an der Peripherie der Städte gelegene Einkaufszentren gaben Land und Städten eine neue Struktur. Mit dem Auto begann die Zersiedelung der Landschaft, die sich nach einem einfachen Muster abspielte: Je schlechter ein Ort an den öffentlichen Verkehr angebunden war, desto niedriger der Landpreis, desto eher konnte man sich ein Einfamilienhaus oder eine Wohnung leisten. Dafür brauchte man zwingend ein Auto, und das automobile Pendeln zur Arbeit wurde zur Norm. Spätestens wenn die Kinder in der Stadt in eine höhere Schule gingen, wurde die Forderung nach einer Busverbindung laut, die dann die Allgemeinheit zu bezahlen hatte.

Der Raum verengte sich, auf dem Land und in den Städten. Die Zeit wurde knapper, die Lebenswelten verdichteten sich. Immer mehr Menschen fuhren Auto. Ausdruck dafür wurde der Stau auf den Straßen. Der Begriff «Verkehrsinfarkt» tauchte auf, später gesellte sich der «Dichtestress» dazu. Die OD-Matrix hat die klaren Strukturen des 19. Jahrhunderts verloren.

Die individuellen Bewegungen und die durchschnittlichen zurückgelegten Distanzen sind enorm gestiegen, nicht nur zwischen Wohnort und Arbeitsplatz, immer mehr auch im Freizeitverkehr.

Schließlich komplettierte das Flugzeug die Palette der Verkehrsmittel. Mit dem Luftraum eroberte es eine neue Dimension und öffnete so die letzten Räume des Planeten für ein Massenpublikum. Höhere Einkommen und reduzierte Arbeitszeiten stimulierten den Freizeitverkehr, vor allem auf der Straße, immer mehr in der Luft, in jüngster Zeit auch auf gigantischen Schiffen. Der anhaltende Boom erzeugte ein neues Phänomen: den Overtourism – eine Masse von Besucherinnen und Besuchern touristischer Destinationen, die von der einheimischen Bevölkerung zunehmend als Belastung wahrgenommen wird.

Hätte man seit Beginn der Zivilisationsgeschichte OD-Matrizes erstellt, so wäre ihr gemeinsamer Nenner ein unaufhörliches Ansteigen der Mobilität gewesen. Im März 2020 hat das Covid 19-Virus diesen Trend abrupt und weltweit gebrochen. Innerhalb weniger Wochen reduzierte sich nicht nur die Zahl der Bewegungen drastisch, auch die durchschnittlich zurückgelegte Distanz verringerte sich auf einen Bruchteil. Als die Restriktionen gelockert wurden, erreichte der Autoverkehr wieder sein ursprüngliches Ausmaß, während die Belegung des öffentlichen Verkehrs unter dem gewohnten Niveau blieb. Zusammengebrochen ist der Luftverkehr. Über die längerfristigen Auswirkungen dieser Zäsur wird heftig spekuliert.

Freiheit

Als vor über 10 000 Jahren die Menschen allmählich sesshaft wurden, begann das Zeitalter der Zivilisation. Aber nicht alle Menschen wurden sesshaft. Bis heute hat sich nomadisches Leben erhalten und mit ihm der Konflikt mit den Sesshaften, denen die Nomaden noch heute mit einer gewissen Verachtung vorwerfen, ihre Freiheit gegen Sicherheit verschachert zu haben. Besonders ausgeprägt war dieser urtümliche Freiheitsdrang zur Zeit der Pioniere im Wilden Westen Amerikas. Bis heute prägt eine «unzerstörbare Idee von Freiheit» die amerikanische Psyche. Ihr Symbol ist der Highway durch die endlosen Prärien der USA.[11] Ihr Archetyp der Trucker. Die Songzeile «Freedom's just another word for nothing left to lose» ihre Botschaft. «Secure the Blessings of Liberty» steht seit 1787 unverrückbar in der Verfassung der Vereinigten Staaten. Zwei Jahre später wurde Europa mit Liberté, Egalité, Fraternité, den Losungsworten der Französischen Revolution, aus dem Zeitalter des Feudalismus herausgerissen.

Seither ist Freiheit das Schlüsselwort in den Verfassungen freiheitlich demokratischer Staaten. Sie steht als allgemeiner Begriff in ihren Präambeln und wird in unzähligen Ausprägungen präzisiert. So benennt die Bundesverfassung der Schweizerischen Eidgenossenschaft nicht weniger als elf Freiheiten: Glaubens- und Gewissensfreiheit, Meinungs- und Informationsfreiheit, Medienfreiheit, Sprachenfreiheit, Wissenschaftsfreiheit, Kunstfreiheit, Versammlungsfreiheit, Vereinsfreiheit, Niederlassungsfreiheit, Wirtschaftsfreiheit, Koalitionsfreiheit. Erstaunlicherweise fehlt in dieser Liste die am ursprünglichsten mit der Idee der Freiheit verknüpfte Bewegungsfreiheit. Lediglich der Freiheitsentzug ist Gegenstand der Verfassung. Steht der Highway als Symbol für die Freiheit, so ist das Gefängnis, das die Mobilität auf wenige Schritte beschränkt, sein Gegenpol.

Dass die Bewegungsfreiheit in Verfassungen und Gesetzen nicht explizit aufgeführt wird, ist nur damit zu erklären, dass sie zur Selbstverständlichkeit geworden ist. Trotzdem: Wenn man die Menschen nach der Bedeutung all dieser Teilfreiheiten fragte, so würde die Bewegungsfreiheit sicherlich an die erste Stelle gesetzt. Die DDR wurde von den meisten ihrer Bürgerinnen und Bürger als Gefängnis empfunden, weil die Reisefreiheit eingeschränkt war. Als die Mauer fiel, war die Freude über die (wieder) erlangte Bewegungsfreiheit grenzenlos. 50 Jahre nach der Wiedervereinigung zieht der in der DDR aufgewachsene Schriftsteller Peter Kolbe ein Fazit: «Was ist denn dabei, einfach aufzubrechen wohin ich will? Oder dabei, dies an dem Ort, wo ich bin, vorauszusetzen als den elementarsten, allerersten und unbedingten Begriff von Freiheit?»[12]

Zu Beginn der Zivilisation existierte das Wort Freiheit noch nicht, wohl aber ein diffuses Freiheitsgefühl, das eng mit Mobilität verbunden war. Und das ist bis heute so geblieben. Die junge Simone de Beauvoir beschrieb dieses Lebensgefühl vor fast 100 Jahren: «Reisen, das war immer einer meiner bemerkenswertesten Wünsche gewesen. Begierig genoss ich diese neue Freiheit.»[13] Das Auto eröffnete eine völlig neue Dimension der Mobilität. Es war jederzeit verfügbar, hatte eine große Reichweite und bot eine gewisse Intimität. Für die Nachkriegsjugend in Europa eröffnete zunächst das Trampen neue Möglichkeiten der Freizeitmobilität. Der große Schritt folgte dann mit dem ersten eigenen Auto. Ob gebrauchter VW Käfer oder 2CV, es war die Freiheit schlechthin: einsteigen und nach Sainte-Marie-de-la-Mer fahren.

Die uneingeschränkte Mobilität ist längst zu einem Wesensmerkmal des freiheitlich-demokratischen Rechtsstaats geworden. Die freie Verkehrsmittelwahl zu ihrem Dogma. «Freie Fahrt für freie Bürger» ihr Slogan. Einen ersten Riss erhielt das Konzept der uneingeschränkten Mobilität während der Erdölkrise 1973. Zehn Jahre später schreckte das vermutete Waldsterben auf und die Emissionen des Straßenverkehrs wurden zu einem prioritären politischen Thema.

Anfang der 1990er-Jahre wurde der Verkehrsinfarkt als akute Bedrohung wahrgenommen. Trotz aller düsteren Prognosen und der unablässigen Zunahme der Staustunden hat er sich bemerkenswerterweise bis heute nicht ereignet – obwohl sich die Anzahl Autos massiv erhöht hat, die Autos größer geworden sind und die durchschnittliche Belegung abgenommen hat und obwohl die Anforderungen an die geografische Flexibilität der Arbeitnehmenden permanent zugenommen haben und damit die Pendlerströme.

Seitdem sich jedoch immer klarer abzeichnet, mit welcher Dynamik sich die Temperaturen auf dem Globus erhöhen, steht die weltweite Mobilität im Fokus. Rund ein Viertel des globalen CO_2-Ausstoßes wird durch den Verkehr verursacht und deshalb, so die vorherrschende Meinung, sind die Klimaziele ohne eine «Verkehrswende» nicht zu erreichen. Die Klimajugend verlangt gebieterisch nach griffigen Maßnahmen, während die bürgerliche Politik zur Besonnenheit rät und vor den bösen Worten «Verzicht» und «staatlichen Zwangsmaßnahmen» warnt, weil damit eine massive Einschränkung unserer Freiheit einherginge. Mit erhobenem Zeigfinger werden wir gemahnt: «Radikalismus löst keine Probleme.» Tiefgreifende staatliche Eingriffe seien äußerst problematisch, weil das Auto für viele immer noch für Freiheit stehe.

Anfang 2020 geriet die weltweite OD-Matrix wie nie zuvor aus den Fugen. Ein Virus, das sich entgegen allen Erwartungen nicht bloß in Asien festsetzte, veränderte unser Leben. Plötzlich war Verzicht nicht mehr unzumutbar, sondern eine Tugend. Nach den rigorosen Maßnahmen der europäischen Länder zur Eindämmung des Coronavirus dezimierte sich der Pendlerverkehr in den europäischen Städten um 50 Prozent. Das Angebot im öffentlichen Verkehr wurde ausgedünnt, seine Belegung sank drastisch. Sogar die bis dato so sakrosankte freie Verkehrsmittelwahl wurde geopfert, indem man den Menschen nahelegte, öffentliche Verkehrsmittel zu meiden. Der Freizeitverkehr war weitgehend verschwunden. Niemand reiste mehr ins Ausland. Flugzeuge wurden gegroundet. Die Menschen waren aufgerufen, nach Möglichkeit zu Hause zu bleiben. «Radikalismus löst Probleme» war die Losung. Nie hat sich das Jean Paul zugeschriebene Wort mehr bestätigt als in diesen schwierigen Zeiten: «Freiheit ist ein Gut, dessen Dasein weniger Vergnügen bringt als seine Abwesenheit Schmerzen.»

Nachdem die rigorosen Maßnahmen gelockert wurden, war die Harmonie vorbei. Der öffentliche Verkehr erholte sich wieder, aber auf markant niedrigerem Niveau. Anders der Autoverkehr: Obwohl der arbeitsbedingte Pendlerverkehr infolge anhaltender Arbeit im Homeoffice schwächer war, entwickelte sich der Autoverkehr vielerorts stärker als in den Vorjahresmonaten. Im Oktober 2020 wies der TomTom Traffic Index in 239 von 416 Städten einen stärkeren Autoverkehr aus als im Vorjahr. In 57 Städten war er geringer. Über das ganze Coronajahr 2020 hat sich der Congestion Index kaum verringert.

Bewegungsfreiheit ist ein Gut, das wir nicht hoch genug schätzen können. Aber auch sie hat Grenzen, nämlich dann, wenn es um Leben und Tod geht oder wenn sie die Grundlage des Lebens auf diesem Planeten bedroht. «Freiheit ohne Autorität ist Chaos, Autorität ohne Freiheit ist Tyrannei.»[14] Stefan Zweig zeigt das Kontinuum auf, in dem sich Freiheit jederzeit befindet. Die Zeiten der uneingeschränkten Mobilität sind vorbei. Die Aufgabe ist klar: Es gilt die Grenzen der Mobilität so klug zu ziehen, dass sich der Mensch auch in Zukunft über seine Bewegungsfreiheit freuen kann.

Wohlstand

Was wir heute Wirtschaft nennen, wurde im Wesentlichen von vier Zäsuren geprägt.

Im Spätmittelalter ermöglichten drei fundamentale technische Innovationen die Verbreitung von Wissen und die europäischen Entdeckungsfahrten: der Buchdruck, neue Schiffstypen und Feuerwaffen. Sie ermöglichten den sich rasch ausbreitenden Handel mit Rohstoffen und Gewürzen, zunächst auf dem Wasser transportiert. Die Landwege, seit dem Untergang des Römischen Reichs zerfallen, wurden mühsam neu erstellt. Der möglichst effiziente Transport von Gütern wurde zur zwingenden Voraussetzung für die wirtschaftliche Entwicklung.

Die zweite Zäsur war die Industrialisierung. Auch sie wurde durch eine Serie herausragender Erfindungen und darauf aufbauenden technischen Innovationen ausgelöst. Der schottische Erfinder James Watt verbesserte 1769 den Wirkungsgrad der Dampfmaschine, sodass sie wesentlich energiesparender und kostengünstiger wurde. Dadurch konnte Handarbeit in großem Stil durch die Maschine ersetzt werden. Für ihren Antrieb benötigten Dampfmaschinen Energie, und zwar in Form von Kohle. Schon seit dem 16. Jahrhundert wurde Kohle in Europa gefördert, mit dem immer stärker werdenden Einsatz der Dampfmaschine steigerte sich der Bedarf nach diesem Energieträger so stark, dass das 19. Jahrhundert auch als «Jahrhundert der Kohle» bezeichnet wird. Lange Zeit transportierte man die Kohle vom Bergwerk mit Pferdefuhrwerken zum Fluss und lud sie dort auf das Schiff um. Der Druck, diese mühselige und teure Operation zu vereinfachen, löste eine zweite, im wahrsten Sinn des Worts bahnbrechende Innovation aus: die Erfindung der Eisenbahn. Sinnbild der Industrialisierung ist die Fabrik, die auf einer weitgehenden Arbeitsteilung beruhte, die ihrerseits wiederum nur mit zuverlässigen Transportketten zu meistern war. Die Mobilität von Gütern und Menschen war zu einem unverzichtbaren Bestandteil für die massive Steigerung von Produktion und Volkswohlstand geworden.

Die dritte Zäsur ist die sogenannte Tertiarisierung, der Aufschwung des Dienstleistungssektors, dem auch die Transportwirtschaft zuzurechnen ist. Heute ist der Dritte Sektor in allen entwickelten Ländern der mit Abstand größte Wirtschaftsbereich. Die Wachstumsraten sind hoch, insbesondere im Tourismus, einem eigentlichen Mobilitätsgeschäft mit gut 10 Prozent Anteil am globalen Bruttosozialprodukt. 2018 waren weltweit 1,4 Milliarden Touristen unterwegs.

Die vierte Zäsur ist die durch den Fall des Eisernen Vorhangs ausgelöste Globalisierung. Zwei Faktoren führten zu einem exponentiellen Anstieg der Handelsströme: der weltweit wachsende Konsum und die weltweite Arbeitsteilung mit einer Globalisierung der Lieferketten.

Die letzten beiden Zäsuren wurden nur dank des weiträumigen Einsatzes einer weiteren technischen Errungenschaft, des Computers und der auf ihm basierenden Digitalisierung, möglich.

Die Mobilität von Gütern und Menschen ist das zentrale Nervensystem unserer Wirtschaft und die Grundlage unseres Wohlstands. Als das Coronavirus ein Land nach dem anderen erfasste, wurde der funktionierende Lebensmittelnachschub zu einer der obersten Prioritäten. Zu stemmen war dies nur mit LKW. Lastwagenfahrer wurden zu Corona-Helden der ersten Stunde.

2. Der Mensch als mobiles Wesen

Individuelle Mobilität ist durch Verhaltensmuster und Rollenbilder geprägt, die sich tief in unserem Unterbewusstsein eingenistet haben.

Mobilitätsentscheidungen

«Hirnforscher schätzen, dass wir täglich hunderttausend Entscheidungen fällen – glücklicherweise nur hundert davon bewusst.»[1] So beginnt das Editorial eines Themenhefts über Entscheidungen. Es folgt eine lange Liste unbewusst getroffener Wahlakte, darunter «Velo oder Tram? Velo.»

Die überwiegende Mehrheit unserer täglichen Entscheidungen fällen wir intuitiv. Der Nobelpreisträger Daniel Kahneman spricht in dem Zusammenhang vom «System 1»: Es «arbeitet automatisch und schnell, weitgehend mühelos und ohne willentliche Steuerung». Demgegenüber steht das «System 2». Hierbei handelt es sich um eine bewusste mentale Aktivität, bei der Objekte in Bezug auf mehrere Merkmale verglichen werden und am Schluss eine wohlüberlegte Wahl zwischen Optionen stattfindet.[2] Man kann es sich als Eisberg vorstellen: Was aus dem Wasser herausragt, ist das Bewusstsein. Der überwiegende Teil des Eisbergs befindet sich jedoch unter Wasser und steht für das Unterbewusstsein, das Sediment abgelagerter Erinnerungen, Erfahrungen und Muster. Wohin der Eisberg schwimmt, wird von den Tiefenströmungen vorgegeben. Der Neurologe Christof Koch spricht von einem «Autopiloten», der wie ein «Zombiesystem» funktioniert, weil ihm jegliches subjektive Gefühl fehlt.[3]

Ein Kind ist in seiner Mobilität zunächst fremdbestimmt. Es wird getragen, im Kinderwagen gefahren, in einen Autositz gegurtet. Seine ersten größeren Erkundigungen macht es, wenn es zu gehen beginnt. Es folgen erste Verkehrsmittel: das Laufrad, der Tretroller, das Fahrrad. Der Radius vergrößert sich. Mit der Kita und der Schule beginnt das Pendeln. Im Urlaub fährt man im Familienverband mit dem Auto ans Meer oder in die Berge. Nach der Volljährigkeit kann der junge Mensch einen Führerschein erwerben. In seinem Unterbewusstsein haben sich zu diesem Zeitpunkt schon unzählige Mobilitätsmuster verfestigt. Zwei Faktoren spielen dabei eine besondere Rolle: Gewohnheit und Bequemlichkeit.

Mobilitätsentscheidungen lassen sich in zwei Kategorien unterteilen: Rahmenentscheidungen und Einzelentscheidungen. Zu den Rahmenentscheidungen gehören die Wahl des Wohnorts und des Ausbildungs- bzw. Arbeitsorts. Sie haben zumindest mittelfristige Auswirkungen auf das Mobilitätsverhalten und bestimmen einen wesentlichen Teil einer persönlichen OD-Matrix. Weitere Rahmenentscheidungen betreffen den Kauf eines Verkehrsmittels und/oder einer Dauerkarte für den öffentlichen Verkehr. Sind diese Rahmenentscheidungen einmal gefällt, wird der große Teil der Mobilitätsentscheidungen zur Routine und läuft über das «System 1».

Rahmenentscheidungen werden eher im «System 2» gefällt, bewusst und in der Regel nach Abwägung verschiedener Optionen. Dennoch würde man wohl in den wenigsten Fällen von einer rationalen Entscheidung sprechen. Gemäß Lehrbuch müsste man aufgrund einer umfassenden Lageanalyse und systematischer Bewertung möglichst viele Handlungsoptionen entscheiden.

In der Praxis führen jedoch oft Bequemlichkeit, Gewohnheit und Opportunitäten zu einer summarischen Bewertung. Das gilt auch für die Entscheidung, ob man in der Stadt, der Agglomeration oder auf dem Land wohnen möchte. Dabei werden die Möglichkeiten der Mobilität erwogen, auch die mit einem Wohnsitz verbundenen Kosten. Der ökologische Fußabdruck mag an Bedeutung gewonnen haben, spielt aber noch immer nicht die Rolle, die ihm eigentlich zukommen müsste.

Für die Mobilität ist diese Entscheidung – Leben in der Stadt oder auf dem Land –von größter Bedeutung. Das schweizerische Bundesamt für Raumplanung hat den Zusammenhang zwischen Dichte (Bevölkerung und Arbeitsplätze) und Mobilitätsverhalten aufgrund eines Datenbestands von 2015 untersucht.[4] Die Befunde sind mit einer Ausnahme wenig überraschend. Die Anzahl der mit dem Auto gefahrenen Strecken, die dabei zurückgelegte Distanz, Auto- und Führerausweisbesitz nehmen mit zunehmender Dichte ab. Praktisch keinen Einfluss hat die Dichte auf die mittlere Tagesunterwegszeit von 90 Minuten. Überraschend ist die hohe Bedeutung des Fußverkehrs. Selbst in den am wenigsten besiedelten Gebieten wird fast ein Drittel der Etappen aller Wege zu Fuß zurückgelegt, bei höchster Dichte steigt dieser Wert auf über die Hälfte. Wir sind also zuallererst Fußgängerinnen und Fußgänger.

Beim Kauf eines Autos wirken ebenfalls unterbewusste Muster. Dafür hat die Automobilindustrie gesorgt, die ihren Modellen mittels ausgeklügelter Kommunikationsstrategien starke Brands verpasst. «Erst mit der besonderen Aura, die um Marken wie Maserati oder Ferrari, Rolls Royce oder Jaguar, Mercedes oder Porsche aufgebaut wird, entsteht jene absolute Identifikation mit dem magischen Objekt, mit seinem ‹Traumauto›, aus dem Mann einen Teil seiner persönlichen Identität bezieht.»[5] Wie man sieht, war das Zielobjekt zunächst der Mann, der sich mit dem Auto auch ein Statussymbol zulegt. Mittlerweile hat die Industrie auch die Kundin entdeckt. Die Bedeutung des Autos als Identifikationsobjekt und Statussymbol hat im Lauf der Zeit zwar abgenommen. Trotzdem: Man sagt, wer nach rationalen Kriterien ein Auto kauft, müsste sich für einen Škoda entscheiden. Viele tun das auch, wobei ihnen Škoda entgegenkommt: Der neue Škoda ist «mächtiger, kantiger, aggressiver gezeichnet». Doch all die Škodakäufer können nicht verhindern, dass das durchschnittliche Gewicht der Neuwagen permanent steigt und mit ihm der ökologische Fußabdruck. 2007 lag in Deutschland der Marktanteil der

SUV bei 7 Prozent, 2018 waren es 27 Prozent. Dabei gab es 2018 noch ein Problem: «Wer ein wirkliches Topautomobil in dem Segment haben will, der kann bislang nur maximal 160 000 Euro ausgeben.» Dem konnte abgeholfen werden: der Bentley Bentayga ist ab 170 000 Euro zu haben. Konsequenterweise fordert der ADAC breitere Parkflächen.[6] Kein Wunder, dass die Zielwerte der CO_2-Emissionen von Autos verfehlt werden.

Einzelentscheidungen gehören zum großen Teil in den Bereich der Routine und werden durch den Autopiloten des «Systems 1» getroffen. Erst in außeralltäglichen Situationen steht man vor einer bewussten Entscheidung. Dann spielen bei der Frage der Fortbewegung Faktoren wie das Wetter eine Rolle oder – in Zeiten von Corona – die Gefahr von Ansteckungen. Im Freizeitbereich geht es primär um die Festlegung der Destination, und vielleicht noch um die Wahl des Verkehrsmittels. Für diese Entscheidung gibt es leistungsfähige Tools. Zum Beispiel Google Maps. Nach der Eingabe von O und D können die Reisezeiten sämtlicher Verkehrsmittel, einschließlich Fahrrad, Fußmarsch oder Uber verglichen werden. Einzig das Flugzeug und das schnelle E-Bike fehlen im Sortiment. Auf dem Weg zu einer umfassenden Entscheidungshilfe müssten die Wegzeiten und Fahrpläne noch mit Tarifen, dem CO_2-Ausstoß und einer Buchungsplattform ergänzt werden.

Wenn es um die Mobilität von Gütern geht, ist der Entscheidungsprozess durch und durch rational. Die entscheidenden Kriterien sind Zeit und Kosten und die Planbarkeit. Beim Transport eines Containers von O nach D auf dem Landweg liefern die Kosten eines LKW-Transports den Maßstab. Will die Bahn konkurrenzfähig sein, muss sie die Kosten der Feinverteilung vom und zum Terminal und des Umschlags vom LKW auf die Bahn und umgekehrt kompensieren. Das ist nur möglich, wenn die Distanz zwischen den Terminals groß genug ist, ein Zug mit möglichst vielen Containern beladen ist und in den Terminals effizient umgeladen wird.

So viel ist klar: Auf dem Weg zu einem nachhaltigen Verkehr muss der ökologische Fußabdruck mehr Gewicht in der Entscheidungsfindung erhalten.

Diktat der Rolle

Als sich das Autos zu verbreiten begann, wurde es als rasendes Objekt wahrgenommen, das sich viel zu schnell, riesige Staubwolken aufwirbelnd auf schlechten Straßen fortbewegte. Passanten konnten nur einen flüchtigen Blick auf die Automobilsten werfen, die mit Staubbrillen und -mänteln, Lederhauben und Schals geschützt hinter dem Steuer saßen. Für den Verkehrshistoriker führt die Position hinter dem Steuer zu einer «radikal veränderten Wahrnehmungsperspektive», in der jedes sächliche oder menschliche Hindernis die kognitiven Prozesse des Automobilisten stört. Autofahren verlange «umständliche Koordinationsleistungen» und produziere so ein «extremes Maß an selektiver Wahrnehmung ... ‹Herrenfahrer› sind keineswegs nur arrogant, sondern das Opfer einer kognitiven Selbstüberforderung.»[7]

In den letzten 100 Jahren haben sich im Unterbewusstsein der Menschen hinter dem Steuer Handlungsmuster eingeprägt, die die anfänglichen Koordinationsprobleme beseitigten. Gleichzeitig haben Fortschritte in der Automobiltechnik und der Straßenführung das Autofahren einfacher und sicherer gemacht. Aber der «human error factor» existiert immer noch und produziert Unfälle. Insgesamt hat sich die Sicherheit im Straßenverkehr trotz permanenter Verkehrszunahme enorm verbessert. Und die Automobilindustrie arbeitet daran, Fehlhandlungen von Menschen zu minimieren.

Etwas aber hat sich in diesen 100 Jahren nicht verändert. Wer sich hinter ein Steuer setzt, der schlüpft in eine Rolle. *Drei Kameraden*, das legendäre Buch aus den 1930er-Jahren von Erich Maria Remarque, beginnt mit einer Autojagd. Otto Köster und seine beiden Freunde machen eine Spritzfahrt mit «Karl», einem

Auto mit schäbiger Karosserie und hochgetuntem Motor. Von hinten nähert sich ein wohlgenährter, hochnäsiger Bürger im großen Buick, beim Überholen herablassend auf das hässliche Entlein schauend. Die drei Kameraden reizen das Spiel aus, lassen ihn immer wieder auf-, aber nie vorbeifahren. Im Buick weicht die Überheblichkeit der Verärgerung, zunehmender Frustration, Unverständnis und dem bitteren Gefühl der Niederlage. Fast 100 Jahre menschlicher und technischer Entwicklung haben nichts verändert. Eine Journalistin berichtet im *Spiegel* über ihre Erfahrungen am Steuer eines Elektro-Porsche Taycan. «Das 530 PS-starke Vieh ist wie Botox auf Rädern. Fast schade, dass man nur von hinten gesehen wird. Also abbremsen, warten, bis ein aufgemotzter BMW auf der Überholspur hinter einem blinkt und drängelt, und dann: tschüss. … Was für ein Vergnügen.»[8]

Wer sich hinter das Steuer setzt, sitzt in einem persönlichen Raum. Die PS-starke Maschine verleiht Kraft. Wie sehr sich das Unterbewusstsein wider die Vernunft durchsetzt, zeigt sich am Überhandnehmen übermotorisierter, überschwerer, aggressiv designten SUV. «Der Mercedes AMG GLC 63 ist das blechgewordene Äquivalent zum volltätowierten, solariumgebräunten Muckibuden-Oberkörper, der an warmen Sommertagen im knappen Muskel-Shirt ausgeführt wird. Ein Auto, nach dem sich alle umdrehen, selbst wenn sie danach den Kopf schütteln.»[9] Der Trend ist offensichtlich. «Fast alle Automobilhersteller leben phänomenologisch von der Droharchitektur.»[10] Sitzt man am Steuer eines solchen Fahrzeugs, spielt man eine vollständig andere Rolle, als wenn man zu Fuß unterwegs ist.

Wer mit peinlich eingehaltener Höchstgeschwindigkeit auf der Autobahn unterwegs ist, wird noch und noch überholt. Auch das generiert eine spezifische Rolle, jene des Oberlehrers. Potenziert wird dieses Muster, wenn der Autofahrer vor einer Ampel wartet und rechts von einem Fahrradfahrer überholt wird, der gleich noch die rote Ampel missachtet. Die Ampel springt auf grün, der Autofahrende drückt aufs Gas, überholt den Fahrradfahrer, bremst ihn aus. Nach der nächsten Kreuzung hat der Fahrradfahrer freie Fahrt und quert einen für Autos gesperrten Platz mit vielen Fußgängern, denen er so knapp den Weg abschneidet, dass ihm ein nicht zitierbares Wort nachgerufen wird.

Es ist paradox. Wir sind alle hybrid: Wir gehen zu Fuß, fahren Rad, fahren Auto, fahren Tram, Bus und Zug, fliegen. Aber mit jeder dieser Fortbewegungsarten ist eine Rolle verknüpft, in die wir unbewusst schlüpfen. Wenn wir Rad fahren, ist die Rolle von zwei Faktoren geprägt. Erstens ist man auf dem Rad schlecht geschützt, jeder Unfall kann schwere Folgen haben. Zweitens bewegt man sich auf dem Rad ökologisch korrekt, was eine gewisse moralische Überlegenheit verleiht. Mittlerweile spielt sich der Konflikt bereits auf einsamen Bergwegen ab, wo sich immer mehr Mountainbiker und Wanderer kreuzen. Wie sehr eine Rolle prägt, wissen die, die ein schnelles E-Bike fahren. Im Rückspiegel nähert sich ein Fahrrad, von der Haltung des Fahrers her ist es elektrisch unterstützt. Nun greift dasselbe Muster, mit dem Remarque seinen Roman eröffnet hat. Man beschleunigt.

Wie absurd diese Rollenmuster bisweilen sind, zeigt sich im öffentlichen Verkehr. Der Bahnsteig ist voll mit Menschen. Wenn der Zug einfährt, beginnt der Kampf ums Einsteigen und um den Sitzplatz. Unser Passagier hat ein Viererabteil ergattert, setzt sich und platziert seine Tasche auf dem Nebensitz. Fast gleichzeitig kommt jemand, der ebenfalls in der Schlange gewartet hat und fragt höflich: «Ist hier noch frei?» Unser Passagier bejaht und verstaut mit leicht indigniertem Ausdruck seine Tasche auf der Ablage. Man könnte es «Sesshaftigkeits-Syndrom» nennen und den Bogen zur generellen Zurückhaltung gegenüber dem Fremden schlagen. Bert Brecht hat darüber eine Kurzgeschichte geschrieben, *Die Fahrt im Abteil.* «Einer stieg in einen vollen Zug, in dem die Reisenden gepfercht standen wie die Heringe und öffnet ein Abteil. Die Türe wurde von innen zugeworfen.» Nach wiederholten Anläufen gelingt es ihm endlich, einen Sitz zu erobern. «Der junge Mann frohlockte im Innern, weil das Recht gesiegt hatte.»

Die beiden Schlusssätze wirken zur Zeit der Coronakrise wie ein Fanal. «Drei Tage später erkrankte er an Scharlach und wurde nie wieder gesund. Die Leute im Abteil waren mit Kindern gefahren, die Scharlach hatten.»

Es geht nicht darum, mit dem Finger auf andere Leute zu zeigen. Wer die Gabe zur Selbstreflexion besitzt, wird sich selbst erkennen. Niemand kann sich dem Diktat der Rolle völlig entziehen. Sigmund Freud hat dafür ein Erklärungsmodell geliefert. Das «Ich» (das Bewusstsein), das «Es» (das triebgesteuerte Unterbewusstsein) und das «Über-Ich» (im Unterbewusstsein gelagerte moralische Grundsätze, im allgemeinen Sprachgebrauch das Gewissen) stehen in einer ständigen Wechselwirkung. Deshalb meldet sich nach einer Abkühlungsphase oft das Gewissen und mahnt zu mehr Gelassenheit.

Die Summe dieser Rollenkonflikte beeinflusst das «Verkehrsklima», dessen Spannweite von entspannt bis gereizt reicht. Die Stadt Zürich hat dazu eine Studie veranlasst. Das Resultat war «vernichtend». 65 Prozent der Befragten bezeichnen die Stimmung auf Zürichs Straßen immer oder oft als schlecht.[11] Bereits 1930 hat die Stadt Zürich mit dem Motto «Sicherheit durch Höflichkeit» eine Kampagne für die Verbesserung des Verkehrsklimas lanciert. Offenbar ohne nachhaltigen Erfolg. Die Sache ist nicht banal. Auf dem Spiel steht insbesondere der Mischverkehr verschiedener Verkehrsmittel auf der gleichen, knappen Fläche. Diese einst gelobte Verkehrsphilosophie der friedlichen Koexistenz sei sogar bei den Linken in Ungnade gefallen, heißt es in Zürich.[12] Nur: Realistisch gesehen ist eine vollständige Entflechtung aller Verkehrsmittel eine Illusion, es gibt schlicht zu wenig Raum. Wir sind zur friedlichen Koexistenz verdammt. Und sie ist möglich.

Die gute Nachricht: Auch unbewusste Muster lassen sich verändern. Die schlechte: Das braucht Einsicht und viel Zeit. Der Weg dazu führt über unser Bewusstsein und zwei Erkenntnisse. Die erste Erkenntnis betrifft unseren Status als Hybrid. Wenn wir uns der verschiedenen Rollen bewusst werden, sollte es möglich sein, sich mindestens partiell vom Rollendiktat zu befreien. In den 1980er-Jahren war «Transaktionsanalyse» groß in Mode. «Ich bin ok – du bist ok», lautete die Devise. Der Schlüssel dazu: sich in eine andere Person hineinversetzen. Das dürfte nirgends so einfach sein wie im Mobilitätsgeschehen, weil wir praktische Erfahrung in allen Rollen haben. Die zweite Erkenntnis betrifft die Rücksichtnahme, ohne die ein erträgliches Verkehrsklima nicht zu haben ist. Rücksicht im Mobilitätsgeschehen bedeutet Bringschuld des Stärkeren, das heisst der Autofahrer gegenüber der Velofahrerin, die Benutzerin eines schnellen E-Bikes gegenüber dem Normalfahrrad, der Velofahrer gegenüber der Fußgängerin.

Besonders exponierte Mischflächen sind gut trassierte Wanderwege, mit einem generellen Fahrverbot versehen und trotzdem von vielen Fahrradfahrerinnen und -fahrern frequentiert. Kürzlich haben sich die für einen solchen Weg verantwortlichen Behörden der Macht des Faktischen gebeugt. Das Fahrverbot für Fahrräder wurde aufgehoben. Nun hängen dort Tafeln: «Fahrradfahrer nehmen Rücksicht auf Fußgänger», darunter einige Verhaltensregeln, mit einfachen Piktogrammen erläutert. Die Geschwindigkeit ist auf 10 km/h beschränkt. Es funktioniert, jedenfalls besser als vorher.

«Wir sehen die klügsten, verständigsten Menschen im gemeinen Leben Schritte tun, wozu wir nur den Kopf schütten müssen.» Dieser erste Satz im 1788 erschienenen Buch *Über den Umgang mit Menschen* von Freiherr von Knigge hat zeitlose Gültigkeit. Vielleicht brauchte es wieder einen Knigge über die friedliche Koexistenz im Verkehr. Jedenfalls ist nicht alle Hoffnung verloren, denn was uns als Menschen einzigartig macht, «ist die Fähigkeit, im Laufe eines Lebens neue Verhaltensweisen zu lernen».[13]

3. Institutionelle Voraussetzungen

Institutionen sind Einrichtungen, die dem Nutzen der Allgemeinheit oder einer bestimmten Gruppe von Menschen dienen. Für die Imperien der Antike war die Mobilität ihrer Streitkräfte der entscheidende Machtfaktor. Dafür galt es günstige Voraussetzungen zu schaffen.

Infrastruktur

Das Imperium Romanum war der größte Territorialstaat der Antike. Über Jahrhunderte hinweg funktionierte er als Wirtschaftsraum mit einer einheitlichen Gesellschaftsordnung. Die einzigartige Kontinuität und Stabilität des Imperiums beruhten nicht zuletzt auf dem reichsweiten Bau von Straßen, Entwässerungsanlagen und Häfen, die mit der Zeit zu Netzen zusammenwuchsen. Diese Bauten, die wir heute Infrastruktur nennen, ermöglichten den Austausch von Gütern und Nachrichten und dienten militärstrategischen Zwecken. Initiiert wurden sie vom Kaiser und seinem Stab und waren Teil seiner Legitimität. Die hohen finanziellen Lasten für Bau und Unterhalt wurden zu einem wesentlichen Teil aus dem kaiserlichen Haushalt finanziert, die lokalen Gemeinwesen hatten ebenfalls einen Beitrag zu leisten. Diese Bürde wurde durch die positiven Auswirkungen auf die Lebensumstände aufgewogen.[1] Für die Bevölkerung waren die Errichtung und der Unterhalt dieser Bauten von großem Nutzen.

Aus dieser historischen Erfahrung lassen sich drei heute noch gültige Lehren ziehen: 1) Der Wohlstand eines Staats beruht auf einer angemessenen Infrastruktur; 2) Infrastrukturen haben Netzcharakter; 3) die Kosten der Errichtung der Infrastrukturen übersteigen in vielen Fällen die Mittel privater Investoren.

Mit der Industrialisierung wurde ein Zeitalter des massiven

Infrastrukturausbaus ausgelöst. Straßen, Wasserversorgung, Kanalisation, Eisenbahn, Strom, Gas, Telekommunikation, Kanäle (Suez, Panama), Flughäfen, Autobahnen veränderten die Welt. Länder und Städte erkannten, dass ihre wirtschaftliche Zukunft eng mit der Anknüpfung an das entstehende Bahnnetz verbunden war. 50 Jahre nach der Inbetriebnahme der ersten Eisenbahnstrecke war das deutsche Bahnnetz bereits auf über 37 000 Kilometer angewachsen und 230 000 Menschen arbeiteten in der Eisenbahnbranche. Das Geschäft mit der Eisenbahn versprach große Gewinne und kreierte eine neue Spezies: den Eisenbahnbaron. Doch der sogenannte Gründerkrach von 1873 löste eine Wirtschaftskrise aus und setzte dem Boom ein jähes Ende. Viele Bahngesellschaften gerieten in existenzielle Nöte und waren vom Bankrott bedroht. Das führte vielerorts zur Fusionierung und Verstaatlichung von Bahngesellschaften.

Im Gegensatz zum Bahnbau lag der Straßenbau in der Moderne immer in der Verantwortung der öffentlichen Hand. Ausnahmen sind vereinzelte private Firmen, die Autobahnen in Konzession betreiben.

Die Bedeutung der Infrastruktur für den Wohlstand eines Lands lässt sich im jährlichen Bericht des World Economic Forum über die Wettbewerbsfähigkeit der Länder nachlesen. Eines der zwölf Kriterien betrifft die Infrastruktur, die in die Bereiche Transport (Straßen, Eisenbahn, Flughäfen, Häfen) und Utilities (Elektrizität und Wasser) unterteilt wird. Dabei werden Dichte und Qualität der Infrastrukturen und die Qualität der damit verbundenen Leistungen beurteilt. An der Spitze der Rangliste für die Transportinfrastruktur stehen der Stadtstaat Singapur, gefolgt von den Niederlanden, Hongkong, Japan, Südkorea, Schweiz und Deutschland. Diese Länder befinden sich auch in der Gesamtrangliste der Wettbewerbsfähigkeit an der Spitze. Auffallend ist die Rolle der USA, die in der Gesamtrangliste an zweiter Stelle stehen, bei der Transportinfrastruktur aber nur auf dem zwölften Rang, eine Folge der geringen Dichte des Bahnnetzes. Gar nur auf Platz 23 rangieren die USA bei den Utilities, wo vor allem die Qualität der Energieversorgung abfällt, was bisweilen zu Schlagzeilen wie «Energieversorger bekennt sich schuldig an Waldbränden in Kalifornien» führt.

Die relative Schwäche der USA ist nicht erstaunlich. Big government ist in den USA ein Schimpfwort. Deshalb ist die marode Infrastruktur der USA Legende. «Eine von fünf Highway-Meilen ist in schlechtem Zustand, das öffentliche Transportwesen serbelt, und Millionen haben keinen Zugriff zu Breitbandinternet.»[2] Deshalb gibt es weder an der West- noch an der Ostküste ein System für den Eisenbahn-Hochgeschwindigkeitsverkehr, obwohl die demografischen und geografischen Voraussetzungen hervorragend wären. Der Gegenpol zu den USA ist China, das enorme Investitionen in seine Infrastruktur pumpt. 1980 war das chinesische Bahnnetz 50 000 Kilometer lang, 2019 waren es 131 000 Kilometer.

China ist der einzige Staat, der den Infrastrukturausbau nicht nur im eigenen Land forciert, sondern eine Strategie der weltweiten Infrastruktur-Aneignung betreibt. Bereits während der Antike floss ein reger Handelsverkehr über ein System von Karawanenstraßen von China bis an die Küste der Levante und umgekehrt. 1877 bezeichnete ein deutscher Geograf diese Verbindung erstmals als «Seidenstraße». Die Revitalisierung dieses Begriffs im Zusammenhang mit der chinesischen Belt and Road Initiative ist ein kommunikativer und wie es scheint auch strategischer Geniestreich. Damit lässt es China nicht bewenden. In Afrika bauen chinesische Firmen neue Eisenbahnlinien. Die dabei vergebenen immensen Kredite, deren Rückzahlung kaum gestemmt werden kann, werden durch Hafenanlagen, zum Beispiel in Mombasa, abgesichert. China beschränkt sich nicht auf die Transportinfrastruktur, sondern investiert auch weltweit in Utilities.

Es ist hier nicht der Ort, darüber zu räsonieren, ob es bei diesen Initiativen nur um Wirtschaftsmacht oder um mehr geht. Eines zeigt sich aber mit aller Klarheit: Infrastrukturen sind nicht nur die Basis für die wirtschaftliche Leistungsfähigkeit eines Landes, sondern auch von eminenter strategischer Bedeutung.

Verkehrsinfrastrukturen

Zu Verkehrsinfrastrukturen zählen Straßen, Parkplätze, Tankstellen, Schienenwege, Bahn- und Bushöfe, Haltestellen, Häfen, Flughäfen. Ihre beanspruchte Fläche steigt unaufhörlich. In Deutschland beträgt ihr Anteil an der Siedlungsfläche über 35 Prozent, in der Schweiz gut 30 Prozent, in Österreich 16 Prozent (im Bundesland Wien sind es 52 Prozent).

Verkehrsinfrastrukturen unterscheiden sich nach der Art der Organisation ihrer Verkehre. Der Straßenverkehr steuert sich überwiegend selbst. Behördliche Einflussnahmen beschränken sich auf Verkehrsregeln und Ampelsteuerungen. Schienenverkehr, Luftverkehr und gewerblicher Schiffsverkehr werden zentral geplant und funktionieren nach dem Fahrplanprinzip.

Die Siedlungsstruktur eines Raums und seine Geografie bestimmen den Charakter der Netze von Straßen und Schienen. Entscheidende Parameter sind die Größe der Ballungsräume, ihre Anordnung und Entfernungen. Grundsätzlich kann man folgende Strukturtypen unterscheiden: eine lineare Struktur (mit Kapillaren, wie zum Beispiel in Japan und eingeschränkt in Österreich); eine sternförmige Struktur (wie in Frankreich); eine T-förmige Struktur (wie in Italien); eine vermaschte Struktur mit einer größeren Menge miteinander verbundener Netzwerkknoten (wie in Deutschland, England, der Schweiz). Der optimale Einsatz der Verkehrsmittel und die dazu notwendige Infrastruktur hängen von dieser Struktur ab. Autobahnen verbinden Ballungszentren und binden die Nebenzentren optimal ein. Eine U-Bahn macht in einem großen Ballungsraum Sinn. Hochgeschwindigkeitszüge verbinden große Ballungsräume in genügend großer Distanz. Lineare, sternförmige und T-förmige Strukturen bieten dafür die besten Voraussetzungen. Deshalb hat sich die Hochgeschwindigkeitsbahn zunächst in Japan, dann in Frankreich, Italien und Spanien durchgesetzt. In Deutschland hingegen, mit einer vermaschten Struktur mit vielen Ballungszentren auf engstem Raum, konnte sich der Hochgeschwindigkeitsverkehr nie recht entfalten. In der Schweiz sind die Distanzen für hohe Geschwindigkeiten zu kurz, die Ballungszentren zu klein und in ihrer geografischen Beziehung zueinander zu komplex. Auch in Österreich mit einem einzigen starken Ballungsraum sind die Voraussetzungen für die Hochgeschwindigkeitsbahn nicht gegeben.

Siedlungsstruktur und Verkehrsinfrastrukturen beeinflussen sich gegenseitig. Deshalb kämpften die Ortschaften im 19. Jahrhindert oft erbittert um einen Bahnschluss. Effiziente Vorortbahnen haben die Entwicklung von Siedlungskorridoren erst ermöglicht. Weniger Einfluss hat vielerorts der Bau von Autobahnen, wo die Erfahrung zeigt, dass die Anknüpfung peripherer Gebiete selten nachhaltige Auswirkungen zeitigt.

Sowohl die Straßen- als auch die Bahninfrastruktur sind in ihrem Aufbau, ihrer Erneuerung und im Unterhalt kapital- und kostenintensiv. Während das Straßennetz unaufhörlich gewachsen ist, entwickelte sich das Schienennetz in Wellenbewegungen. Das zeigt sich am eindrücklichsten am Beispiel der Straßenbahn. Den Höhepunkt erreichte deren Entwicklung um 1910, als es in Europa, Nord- und Südamerika über 3000 Straßenbahnbetriebe gab. Dann begann der Kampf um knappe Flächen in den Städten und die Trambahnen wurden zunehmend vom Auto verdrängt. 1980 gab es weltweit noch rund 300 Betriebe. Seither hat ein Gegentrend eingesetzt. Heute gibt es wieder fast 400 Straßenbahnen. Auch die Eisenbahnnetze erlitten vielerorts dasselbe Schicksal. Vor dem Ersten Weltkrieg umfasste das Netz der französischen Bahnen 70 000 Kilometer, heute sind es noch rund 30 000, obwohl das Netz seit 1981 mit rund 2600 Streckenkilometern für den Hochgeschwindigkeitsverkehr ergänzt wurde. Gerade umgekehrt verlief die Entwicklung in China. Kein Land hat in den letzten Jahren seine Bahninfrastruktur so forciert ausgebaut.

Naturgemäß ist das Straßennetz viel dichter als das Bahnnetz. In Deutschland beträgt es rund 800 000 Kilometer, in Österreich 125 000 und in der Schweiz 70 000. Demgegenüber stehen Bahnnetze mit 33 000 bzw. 5604 und 5100 Kilometern. Das Verhältnis Straßen- zu Schienennetz beträgt in Deutschland 24:1, in Österreich 22:1 und in der Schweiz 14:1. Demnach sind Deutschland und Österreich Autoländer, die Schweiz ein Bahnland, was sich auch im Verhältnis der distanzgewichteten Personenfahrten zeigt. In der Schweiz entfallen 19 Prozent[3] aller gefahrenen Personenkilometer auf die Bahn, in Österreich 13 Prozent[4] und in Deutschland knapp 9 Prozent[5] (alle Werte aus dem Vor-Coronajahr 2019). Diese Bahnanteile erscheinen bescheiden. Legt man allerdings diese Personenkilometer auf den Kilometer Streckenlänge um, zeigt sich ein anderes Bild. In Deutschland werden pro Kilometer Schiene 1,7 Mal mehr Menschen transportiert als auf der Straße, in der Schweiz sind es 2,8, in Österreich 3 Mal mehr.

Das zeigt, dass der Schienenverkehr pro Streckenkilometer effizienter als der Straßenverkehr ist. Der Unterschied ist noch größer, als es durch diese Zahlen zum Ausdruck kommt, weil ein Kilometer Straße mehr Fläche beansprucht als ein Kilometer Doppelspur für die Bahn. Das führt uns zum Begriff «Flächeneffizienz» als Maß für die Flächenbeanspruchung eines Verkehrsmittels. Die geringere Flächeneffizienz der Straße hat vor allem zwei Gründe: erstens die schlechte Auslastung eines Autos mit im Mittel deutlich weniger als zwei Personen, zweitens die dichte Erschließung der Fläche mit einer naturgemäß niedrigen Auslastung der Straßen in der Peripherie.

Die Auslastung ist auch bei der Bahn ein Thema. Für den Fernverkehr weist die Deutsche Bahn eine Auslastung von 56 Prozent aus. In der Statistik für den Regionalverkehr findet sich dieser Wert nicht. Bei den Schweizerischen Bundesbahnen beträgt die Auslastung aller Züge weniger als 30 Prozent. Die Österreichischen Bundesbahnen publizierten keine Auslastungszahlen. Es ist wie beim Straßenverkehr: In den Randgebieten ist die Auslastung deutlich schwächer. Ein modernes Bahnangebot beruht auf einem Taktfahrplan von frühmorgens bis spät am Abend. Schwache Belegungen in den Randzeiten drücken die Auslastung. Über das gesamte Raum-Zeit-Spektrum gibt es sowohl auf der Straße als auch auf der Schiene wesentliche ungenutzte Kapazitäten.

Bei der Planung von Infrastrukturunterhalt und -ausbau sind folgende Faktoren zu berücksichtigen:

- Die Mobilität wird im Personen- wie im Güterverkehr weiterhin zunehmen.
- Der Unterhalt der bestehenden Infrastruktur ist kostenintensiv.
- Der Ausbau der bestehenden Netze ist enorm kapital- und ebenso zeitintensiv.
- Die Erfahrung zeigt, dass die Beseitigung von Engpässen auf einem Netz oft zu neuen Engpässen führt.

Das Fazit dieser Lagebeurteilung ist eindeutig. Das prioritäre Ziel sind die Erhaltung der Substanz, die Erhöhung der Kapazität und die Auslastung der bestehenden Netze. Jeder weitere Ausbau sollte einer rigorosen Wirkungsanalyse unterzogen werden.

Grundversorgung

Die Verfügbarkeit von erschwinglichen Gütern und Dienstleistungen für den täglichen Bedarf ist die Grundlage des Lebens in einer Gemeinschaft. In ihrer Gesamtheit werden diese Leistungen in Deutschland mit dem sperrigen Begriff «Daseinsvorsorge» umschrieben. Geläufiger ist die Bezeichnung «Grundversorgung». Die Palette ihrer Bestandteile ist breit: Wohnraum, Nahrungsmittel und andere Güter des täglichen Bedarfs, Geld, Transport, postalische Dienste, Anschluss ans Elektrizitäts-, Gas-, Wasser- und Straßennetz, Bildung, Gesundheitswesen, Entsorgung, öffentliche Sicherheit usw.

Die Sicherung der Grundversorgung ist eine prioritäre politische Aufgabe. Dabei geht es nicht allein um die Versorgung aller Menschen mit Infrastruktur, Dienstleistungen und Gütern für den täglichen Bedarf. Sie soll auch im gesamten politischen Raum zu vertretbaren Konditionen erfolgen.

Ein großer Teil der Grundversorgung wird von der Privatwirtschaft erbracht, zum Beispiel die Versorgung mit Brot durch Bäckereien oder mit Treibstoff durch Tankstellen. Wenn der freie Markt keine flächendeckende Versorgung zu vertretbaren Konditionen bereitstellen kann, hat die Politik die Möglichkeit, den Leistungserbringern Auflagen, zum Beispiel in Form einer Konzession zu machen. So wurden im 19. Jahrhundert Konzessionen für den Bau und Betrieb von Eisenbahnen erteilt. Gegen Ende des Jahrhunderts gerieten jedoch immer mehr Bahngesellschaften in wirtschaftliche Schwierigkeiten. Außerdem kam es zu Unmut über den Flickenteppich von Tarifen und die ungenügende Koordination zwischen den verschiedenen Bahnen. Da das Bahnangebot mittlerweile zu einem Element der Grundversorgung und für das Funktionieren eines Landes unverzichtbar geworden war, konnte die Politik die Bahnunternehmen nicht dem Fallbeil des freien Markts überlassen. In der Schweiz schlug die Regierung dem Parlament deshalb die Verstaatlichung der Hauptbahnen vor. Das Parlament genehmigte den Antrag und das Volk stimmte ihm 1898 zu. In anderen Ländern erfolgten ähnliche Maßnahmen, nur ohne Volksabstimmung. Danach wurde die Grundversorgung für Mobilitätsdienste im Eisenbahnfern- und Regionalverkehr fast überall in Europa von Staatsbahnen wahrgenommen.

Im Gegensatz zu den Bahnen waren die im letzten Viertel des 19. Jahrhunderts entstehenden Nahverkehrssysteme von Anfang an in kommunalem Besitz. Wie bei den Eisenbahnen basierte ihr Angebot auf einem publizierten Fahrplan. Für die Gesamtheit aller fahrplanmäßigen Angebote für den Transport von Personen hat sich der Begriff öffentlicher Verkehr durchgesetzt.

Das Beispiel der Eisenbahn zeigt, dass sich die Elemente der

Grundversorgung aufgrund von technologischen, sozialen und wirtschaftlichen Entwicklungen im Lauf der Zeit verändern. Zu einer politischen Frage werden diese Veränderungen, wenn der freie Markt nicht, noch nicht oder nicht mehr in der Lage ist, eine flächendeckende Versorgung zu vertretbaren und erschwinglichen Bedingungen sicherzustellen. So hat beispielsweise der Wandel von Alleinverdiener- zu Doppelverdienerhaushalten eine Debatte über die Stellung und Finanzierung von Kindertagesstätten ausgelöst. Die Entwicklung im Fall der Bahnen verweist auf ein typisches Muster. Die Leistung wird auf dem freien Markt erbracht. Mit der Zeit entwickelt sie sich zu einem Element der Grundversorgung. Wenn sich jedoch die Marktbedingungen in einer Weise verändern, dass keine gewinnbringende Leistungserbringung mehr möglich ist, stellt sich die Frage nach der Systemrelevanz. Diese Frage kann letztlich nur durch die Politik beantwortet werden. Wird die Systemrelevanz als gegeben erachtet, gibt es zwei Möglichkeiten: Entweder werden private Leistungserbringer (zum Beispiel Busunternehmen) subventioniert oder die öffentliche Hand erbringt die Leistung selbst, in welcher rechtlichen Form auch immer.

Ein ähnliches Szenario wie Ende des 19. Jahrhunderts mit den Bahnen zeichnet sich derzeit für die touristischen Beförderungsanlagen ab. Angesichts des Klimawandels und des Bedeutungsverlusts von Schneesportarten wird es immer schwieriger, die hohen Aufwendungen für den Anlagenbau und -betrieb auf dem freien Markt zu finanzieren. Die Behörden der betroffenen Regionen werden zu entscheiden haben, ob ihre touristischen Anlagen systemrelevant sind oder nicht. Wenn ja, werden sie um eine Mitfinanzierung nicht herumkommen. Das passiert gerade in Liechtenstein. Die Bergbahnen Malbun im einzigen Wintersportort des Fürstentums sind seit längerer Zeit nicht mehr in der Lage, ihre Investitionen zu refinanzieren. Im Zug der Coronakrise hat sich die Liquiditätslage drastisch verschlechtert. Nun soll die Bahn verstaatlicht werden.[6]

Genau umgekehrt verlief der Weg bei einem Teil der Banken. In den entstehenden Demokratien des 19. Jahrhunderts gehörten Banken zu den ersten Instituten, die verstaatlicht wurden, und zwar durch liberale Kräfte. Diese wollten sich von der Finanzaristokratie des Ancien Régime lösen und private Unternehmensgründungen unterstützen. Auch Bedürfnisse nach Hypothekardarlehen zu vertretbaren und stabilen Bedingungen und einfacher Abwicklung des Zahlungsverkehrs führten zur Gründung staatlicher oder zumindest gemischtwirtschaftlicher Finanzinstitute. Die erste Kantonalbank in der Schweiz wurde bereits vor dem Entstehen des Bundesstaats gegründet. Fast alle Kantone folgten. Die staatlichen Postunternehmen hatten den Auftrag, den Zahlungsverkehr abzuwickeln. Zurzeit lässt sich eine im Vergleich zur touristischen Infrastruktur gegenteilige Entwicklung beobachten. Nullzinsen und abnehmende Bedeutung des Zahlungsverkehrs haben die postalischen Institute zu einem Risiko werden lassen. Nicht nur hier, auch bei den Kantonalbanken mit ihren Staatsgarantien wird der Ruf nach Privatisierung immer drängender.

In der Zeit der Pandemie hat der Begriff Systemrelevanz eine wesentlich breitere Bedeutung erhalten. Nachdem sich beispielsweise unzählige Sportvereine plötzlich in existenziellen Schwierigkeiten befinden, spricht man nun von sportlicher Grundversorgung mit dem Hintergedanken einer finanziellen Unterstützung durch die öffentliche Hand. «Die Krise hat die E-Commerce-Riesen zum Grundversorger gemacht. … Konzerne wie Facebook, Amazon und Google sind Versorgungsbetriebe, die genau wie Wasserwerke oder Elektrizitätsanbieter als Teil der öffentlichen Daseinsvorsorge staatlich reguliert und eingehegt gehören.»[7] Die Coronakrise zeigte auch, wie problematisch es sein kann, wenn Elemente der Grundversorgung an ausländisch dominierte Privatunternehmen ausgelagert sind. Swissport und SR Technics, die im Flughafen Zürich das Handling und den Unterhalt der Flugzeuge verantworten, gehören der intransparenten chinesischen HNA

Group, was die Gewährung von Liquiditätshilfen durch den Staat erschwert.

Zu einem aktuellen Grundversorgungsthema ist die Versorgung mit schnellen Datennetzen geworden. Der *Spiegel* diagnostiziert ein «Glasfaser-Debakel»: «Deutschland hängt seit Jahren beim Aufbau schneller Datennetze hinterher. Zu lange hat der Staat darauf gesetzt, dass der freie Markt und Großkonzerne es schon irgendwie richten.»[8] Der durch die Coronakrise ausgelöste sprunghafte Anstieg des digitalen Verkehrs deckte Versorgungslücken schonungslos auf. Nun wird darüber spekuliert, ob der Aufschwung des Homeoffice zu einer Verlagerung von Wohnraum von der Stadt aufs Land führt. Ohne eine Grundversorgung mit schnellem Internet wäre das nicht denkbar. Deshalb wird die Forderung erhoben: «Weil die Pandemie einen Digitalisierungsschub auslöst, soll der Staat für schnelles Internet sorgen.»[9]

Es sind nicht nur finanzielle Ursachen, die eine Sicherstellung der Grundversorgung durch die öffentliche Hand begründen. Beim Bildungswesen geht es um die Chancengleichheit, bei der Stromversorgung und der Telekommunikation um die strategische Relevanz, bei der Landwirtschaft um die Sicherung der Ernährungssicherheit in Krisenlagen, beim Gesundheitswesen um die Sicherstellung einer allgemein zugänglichen medizinischen Grundversorgung mit hoher Qualität, bei der Förderung des Wohnbaus um den Erhalt von erschwinglichen Wohnungen … Eine gute Grundversorgung ist ein wichtiger Standortfaktor für ein Land. Ihre Bedeutung zeigt sich daran, dass viele ihrer Bestandteile gesetzlich, oft sogar auf Verfassungsstufe geregelt werden.

Solange eine Leistung für die Grundversorgung auf dem freien Markt erbracht wird, sorgt der Wettbewerb für eine effiziente Leistungserbringung. Wenn die öffentliche Hand die Verantwortung übernimmt, muss sie das Angebot definieren, finanzieren und die Effizienz der Leistungserbringung sichern. Die damit verbundenen finanziellen Aufwendungen sind beträchtlich. Die Sicherung von Effektivität und Effizienz ist daher prioritär. Wie groß diese Herausforderung ist, zeigt sich beim öffentlichen Verkehr. Ein anhaltendes Mobilitätswachstum erfordert seinen gezielten Ausbau. Zwischen Idee und Realisierung können Jahrzehnte verstreichen. Die Aufwendungen für die Investitionen sind enorm hoch, ebenso die jährlichen Folgekosten für Betrieb und Unterhalt. Deshalb müssen die politischen Behörden unablässig nach Antworten auf drei Schlüsselfragen suchen: 1) Stimmt das Verhältnis von Kosten und Nutzen? 2) Stimmt die Qualität der Leistungserbringung? 3) Stimmt die Effizienz der Leistungserbringung?

Liberalisierung, Deregulierung, Privatisierung

Es gehört zu den Überraschungen der Geschichte, in welchem Tempo sich die Wirtschaft der sogenannten Freien Welt nach dem Zweiten Weltkrieg erholte. Eine entscheidende Rolle spielte dabei die Systemkonkurrenz mit dem kommunistischen Osten jenseits des Eisernen Vorhangs. Im Rahmen des Marshallplans pumpten die USA gewaltige Mittel nach Europa. Ebenso wichtig war das Konzept der sozialen Marktwirtschaft des deutschen Wirtschaftsministers und späteren Bundeskanzlers Ludwig Erhard. «Wohlstand für alle» war die Maxime, der Wohlfahrtsstaat das Leitmodell. Daraus resultierte die längste wirtschaftliche Boomphase der Geschichte. Les Trentes Glorieuses heißt diese Periode in Frankreich, the golden age im anglosächsischen Raum.

In den 1960er-Jahren suchte die bewegte Jugend der Welt nach Alternativen zum kapitalistischen System. Auslöser für die Gegenbewegung war unter anderem ein 1970 publizierter Artikel des liberalen Starökonomen Milton Friedman in der *New York Times* mit dem Titel: «The Social Responsability of Business is to Increase Its Profits.» Wer sich nicht auf die Steigerung des Profits beschränke, so Friedman, sei ein Sozialist. Damit stieß er eine Entwicklung an, die den Shareholder-Value zum einzigen Maßstab für wirtschaftliches Handeln machte. Als 1989 der Eiserne Vorhang fiel und die realsozialistischen Systeme kollabierten, schien es, als hätte sich die kapitalistische Marktwirtschaft endgültig durchgesetzt. Nicht mehr die soziale Marktwirtschaft war gefragt, sondern eine Marktwirtschaft ohne Adjektive. Ihr Dreiklang: Liberalisierung, Deregulierung, Privatisierung.

Das war auch die Devise der EU, die ihren Fokus auf die traditionellen staatlichen oder staatsnahen Infrastruktur- und Grundversorgungsunternehmen richtete. Luftfahrt, Eisenbahn, Telekommunikation, Post, Energie – kein Bereich wurde ausgespart. Die Idee: Der Wettbewerb sorgt für die optimale Allokation von Kapital und für niedrige Preise.

In der Folge zeigte sich, dass jeder dieser Bereiche aufgrund seiner Besonderheiten spezifische Lösungen erforderte. Auch innerhalb des Mobilitätsmarkts waren differenzierte Ansätze gefragt. Der Verkehr auf den Straßen organisiert sich seit je selbst, mit Ausnahme des öffentlichen Busverkehrs. Der europäische Luftverkehrsmarkt war streng reglementiert und von den nationalen Fluggesellschaften dominiert. Durch den 1992 eingeführten europäischen Luftverkehrsbinnenmarkt wurden die Zulassungsbedingungen für Fluggesellschaften vereinheitlicht, Kapazitätsbeschränkungen und Preisvorgaben abgeschafft. Das brachte die außerhalb der EU domizilierte Swissair in große Schwierigkeiten, die sie mit unterschiedlichen Partnermodellen zu beheben versuchte. Diese scheiterten jedoch allesamt. 2001 verschwand die Swissair vom Markt. Die neuen Regeln ermöglichten die Einführung eines neuen Geschäftsmodells. Pioniere der «Aldisierung der europäischen Luftfahrt» waren Ryanair und easyJet. 1995 bewarb easyJet ihre Flüge mit der Botschaft «Fliegen so billig wie ein Paar Jeans». Die Flugpreise haben sich seither kaum verändert – im Gegensatz zu den Preisen für Markenjeans. Dem Preisdruck konnten sich auch die Platzhirsche auf dem Markt nicht entziehen. Seither hat sich die Anzahl der Flugpassagen in Europa verdreifacht.

Die Eisenbahn stellte unter den anvisierten Bereichen einen

Sonderfall dar, weil nicht davon ausgegangen werden konnte, dass Eisenbahnunternehmen je in der Lage sein würden, ihre Leistungen auf einem freien Markt gewinnbringend abzusetzen. In der Schweiz wollte man es genau wissen. Anfang der 1990er-Jahre untersuchte McKinsey im Auftrag des Schweizer Verkehrsministeriums, unter welchen Bedingungen ein Bahnunternehmen selbsttragend operieren könnte. Die Berater entwickelten ein Modell, das schrittweise ein Netz aufbaute, ausgehend von der ertragsstärksten Verbindung Bern–Zürich. Es zeigte sich, dass auf dieser Linie Verluste entstehen, weil die Erträge der Zubringerstrecken fehlten. Nun fügte man weitere Strecken hinzu, immer strikt profitorientiert. Mit jeder Ergänzung wuchsen die zusätzlichen Kosten stärker als die zusätzlichen Einnahmen. Es war die perfekte Demonstration des Gesetzes des abnehmenden Grenznutzens. (Das besagt, dass bei steigendem Aufwand der zusätzliche Nutzen abnimmt.) Das ernüchternde Fazit: Ein sich selbst tragendes Bahnsystem ist unter den gegebenen Bedingungen eine Fiktion.

Dieses Dilemma war der EU-Kommission bewusst, als sie die Dispositionen für die künftige Gestaltung des Bahnmarkts erarbeitete. 1991 verabschiedete der Rat der Europäischen Gemeinschaften die Richtlinie 91/440 zur Entwicklung der Eisenbahnunternehmen der Gemeinschaft. Ihr Kern bestand aus vier Maßnahmen: 1) die Unabhängigkeit der Geschäftsführung der Eisenbahnunternehmen; 2) die finanzielle Sanierung der Eisenbahnunternehmen; 3) die Trennung zwischen der Erbringung der Verkehrsleistungen und dem Betrieb der Infrastruktur; 4) Zugangsrechte zu den Eisenbahnnetzen der Mitgliedstaaten für internationale Gruppierungen von Eisenbahnunternehmen sowie Eisenbahnunternehmen, die Verkehrsleistungen im grenzüberschreitenden kombinierten Güterverkehr erbringen.

Die beiden ersten Maßnahmen wurden am zügigsten durchgesetzt. In der Folge zeigte sich, dass die Unabhängigkeit der Geschäftsführung ihre Grenzen hat. Wo so viele öffentliche Mittel fließen, kann die Politik nicht die gesamte Verantwortung delegieren. Von großer Bedeutung hingegen war die finanzielle Sanierung, die den Bahnunternehmen die Manövrierfähigkeit zurückgegeben hat.

Ausgehend von der Tatsache, dass komplexe Bahnsysteme als Ganzes nicht selbsttragend bewirtschaftet werden können, schlug die EU-Kommission die Verselbstständigung der Infrastruktur vor. Diese Infrastruktur, bestehend aus Gleiskörper, Energiesystem, Betriebssteuerung und Bahnhöfen, sollte weiterhin vom Staat subventioniert werden.

Die Infrastrukturgesellschaft, so das Modell der EU , teilt den unabhängigen Eisenbahnverkehrsunternehmen Fahrplantrassen zu, für deren Benutzung ein Entgelt zu bezahlen ist. Die jeweiligen Unternehmen werden in Kategorien aufgeteilt. Der Personenfern- und der Güterverkehr sollen nach dem Prinzip der Eigenwirtschaftlichkeit geführt werden. Der regionale Personenverkehr wird von der öffentlichen Hand bestellt, die ungedeckten Kosten werden abgegolten (als sogenannte gemeinwirtschaftliche Leistungen, Public Service Obligation, PSO). In den eigenwirtschaftlichen Bereichen soll ein Wettbewerb zwischen den Verkehrsunternehmen nach dem Prinzip des «open access», des freien Zugangs zur Infrastruktur, ermöglicht werden. Dieser wird reguliert und hat diskriminierungsfrei zu erfolgen. Im Bereich der PSO haben die Mitgliedstaaten die Möglichkeit, längerfristige Beförderungsaufträge mittels Ausschreibungsverfahren zu vergeben.

Dieses Modell hat in der praktischen Anwendung zwei Schwachstellen:

1) Es trägt den technischen Gegebenheiten des Bahnsystems nicht Rechnung. Nicht umsonst spricht man vom Rad-Schienen-System. Die Entwicklungsgeschichte der Eisenbahn ist durch die simultane Innovation von Rädern der Schienenfahrzeuge (vom Material über das Profil über die Achsführung) und der Schiene (vom Material über das Profil) geprägt. Die

Sicherheitssysteme müssen zwingend zwischen Fahrbahn und Fahrzeug abgestimmt werden. Dasselbe gilt für den Fahrplan, das Bindeglied zwischen dem Zugangebot und den technischen Möglichkeiten der Infrastruktur. Störungen, die in jedem Bahnbetrieb unweigerlich auftreten, treten häufig im Verbund von Infrastruktur und Fahrzeug auf und müssen auch im Verbund bewältigt werden. Wenn man dieses so eng verzahnte System auseinanderreißt und in autonome Teilsysteme gliedert, führt das zu kostspieligen Doppelspurigkeiten. Vor allem: Wenn jedes Teilsystem sein eigenes Optimum sucht, wird das Gesamtsystems desoptimiert.

2) Das Konstrukt führt dazu, dass jeder angedachte Wettbewerb im Bahnsystem zu einer Art Surrogat wird. Die Krux ist die Benutzungsgebühr für die Infrastruktur. Weil klar ist, dass man nicht die vollen Kosten in Rechnung stellen kann, ist die Tarifierung letztlich arbiträr. In der späteren Entwicklung hat sich die EU für eine Tarifierung nach den Grenzkosten (die durch den Zugbetrieb ausgelösten direkten Kosten) entschieden. Die Differenz zwischen den Voll- und den Grenzkosten wird vom Staat finanziert. Jeder Betriebswirtschaftsstudierende im ersten Semester lernt im Fach Kostenrechnung, wie man Gemeinkosten aufschlüsselt: dass es nur den «angemessenen», aber nicht den «richtigen» Schlüssel gibt. Als Schlüssel für die Berechnung der direkten Kosten für eine Fahrplantrasse wird meist das Gewicht des Zugs vorgegeben. Mit ebenso viel Berechtigung könnte man dafür die Zeit ansetzen, die ein Zug die Infrastruktur beansprucht (je langsamer ein Zug fährt oder je mehr Haltpunkte er bedient, desto mehr beansprucht er die Gleiskapazität). Deshalb weist jedes von einem Eisenbahnverkehrsunternehmen ausgewiesene finanzielle Ergebnis ein willkürliches Element auf.

Die Tücken der Kostenrechnung spielen auch bei der Festlegung der Abgeltungen für gemeinwirtschaftliche Leistungen (PSO) eine Rolle. In der Schweiz mussten einige Transportunternehmen nach Fällen von Abrechnungsfehlern oder gar Betrug Abgeltungen von insgesamt mehreren Hundert Millionen Franken zurückzahlen.

Nun wird in der EU selten etwas so heiß gegessen, wie es gekocht wurde. Bereits in der Richtlinie 91/440 findet sich ein Kompromiss hinsichtlich der Trennung der Erbringung von Verkehrsleistungen und des Betriebs der Eisenbahninfrastruktur. Vorgegeben wird nur, dass «beide Bereiche in jedem Fall ein getrenntes Rechnungswesen erhalten und getrennt verwaltet werden». Bis heute konnte die Kommission ihre Idee der harten Trennung nie integral durchsetzen. Die großen mitteleuropäischen Bahnen mit ihren komplexen und hoch ausgelasteten Netzen sind noch immer überwiegend als Holding-Unternehmen unter einem Dach organisiert, und das ist gut so.

Der «open access» ist für den Güterverkehr der Bahnen zum Normalfall geworden. Neben den großen Staatsbahnen sind hier auch viele kleinere, private Unternehmen tätig, vorwiegend in Nischenmärkten. Trotzdem hat sich die Stellung der Bahn im europäischen Güterverkehrsmarkt nicht verbessert. Der große Teil der privaten Personenverkehrsunternehmen ist im Bereich der PSO tätig. Die wenigen, die sich in den sogenannten eigenwirtschaftlichen Verkehren der Konkurrenz mit einer Staatsbahn gestellt haben, leiden unter der Übermacht der Platzhirsche. Was oben über die Modellierbarkeit von Kostenrechnungen ausgeführt wurde, gilt auch in Bezug auf die klare Vorgabe der Richtline 91/440: «Ein Transfer von Subventionen von einem Bereich zum anderen ist nicht gestattet.» Sind einmal Subventionen im System, sind ihre Wege oft unergründlich.

Summa summarum haben Liberalisierung und Privatisierung den Luftverkehr revolutioniert und ihn für jedermann erschwinglich gemacht – wobei sich eine seit Jahrzehnten marodierende staatliche Airline wie die Alitalia nach wie vor auf dem Markt hält. Den Bemühungen der EU, den Bahnmarkt durch liberale

Rezepte zu dynamisieren, war hingegen nur bescheidener Erfolg beschieden. Die Auslagerung einer staatlichen Eisenbahngesellschaft, ihre Umwandlung in eine Aktiengesellschaft, vor allem aber ihre Entschuldung haben die Situation der Bahnunternehmen verbessert. Die Idee gewisser Staaten, ihre nun als AG firmierende nationale Eisenbahngesellschaft an der Börse zu kotieren, konnte nirgends verwirklicht werden, was angesichts der verbleibenden Abhängigkeit von staatlicher Unterstützung nicht überraschend ist. Von Deregulierung kann im Bahnmarkt keine Rede sein, im Gegenteil, die Regulierung ist größer denn je. Mit den seit einiger Zeit wachsenden Passagierzahlen steht vielerorts nicht mehr die fehlende Effizienz, sondern die mangelnde Qualität des Bahnangebots, namentlich die ungenügende Pünktlichkeit, im Fokus der Öffentlichkeit.

Nirgendwo wurde die Idee der Fragmentierung und Privatisierung des Bahnsystems so konsequent umgesetzt wie in Großbritannien. Zwischen 1994 und 1997 wurde die ehemalige staatliche British Rail in über 100 Unternehmen aufgeteilt. Für den Bahnbetrieb wurden Franchisen ausgeschrieben; die Infrastruktur wurde unter dem Namen Railtrack 1996 an die Börse gebracht. Nach einer Reihe von schweren Unglücken und massiven Kostenüberschreitungen bei der Modernisierung der West Coast Main Line wurde Railtrack unter Zwangsliquidation gestellt und 2002 von der staatlichen Network Rail übernommen. Am 20. März 2021 wurde die britische Bahnreform endgültig zu Grabe getragen. Die Regierung informierte über ihren Beschluss, das Bahnsystem wieder zu integrieren. Zu diesem Zweck soll eine neue öffentliche Anstalt – Great British Railways – geschaffen werden. Ihr erklärtes Ziel: Der Flickenteppich an Tarifen und Fahrplänen soll ein Ende haben.[10]

In der Schweiz führte die Liberalisierungswelle der 1990er-Jahre zu einer Gegenbewegung, die sich um einen neuen Begriff formierte. Anstelle des altbackenen Worts öffentlicher Dienst tauchte die französische Wendung Service public auf. Ein Schweizer Magistrat französischer Muttersprache hat die Frankofonisierung heikler Wörter erklärt: «Aber so ist es nun mal in der Schweiz. Immer, wenn es brenzlig wird, kommt das Französisch zum Zug.»[11] Den liberalisierten ehemaligen Staatsbetrieben Swisscom, Post und SBB warf man Aushöhlung des Service-public-Gedankens vor. Dabei stieß den Service-public-Anhängern vor allem eines auf: Kaum waren die genannten Unternehmen aus der direkten Obhut des Staats entlassen, wurden die Gehälter ihres Spitzenpersonals kräftig erhöht. Der Unmut gipfelte in einer Volksinitiative «Pro Service public», über die das Schweizer Volk 2016 abzustimmen hatte. Im Kern ging es um zwei Anliegen: Im Bereich der Grundversorgung sollte nicht nach Gewinn gestrebt werden, und die Löhne der vom Staat kontrollierten Unternehmen sollten jene der staatlichen Verwaltung nicht übertreffen. Die Regierung leitete ihre Erläuterungen zur Volksabstimmung wie folgt ein: «Der Service public – also die Grundversorgung insbesondere in den Bereichen öffentlicher Verkehr, Post und Telekommunikation – hat in der Schweiz einen besonderen Stellenwert.» Service public ist demnach nichts anderes als Grundversorgung. Also eigentlich ein überflüssiger Begriff. Die Initiative wurde mit 67 Prozent der Stimmen abgelehnt. Wie unnütz der Begriff ist, zeigt sich in der aktuellen Diskussion über öffentlich-rechtliche Radio- und Fernsehanstalten. Ein schweizerischer Parteipräsident bringt es auf den Punkt: «Bei jedem Service public muss man sich regelmäßig Fragen stellen: Was ist der Grundversorgungsauftrag?»

4. Blick zurück: Entwicklungen und gescheiterte Träume

Die Geschichte der Mobilität ist eine Geschichte des menschlichen Erfindungsgeists. Dieser befasst sich unentwegt mit der Entwicklung bestehender und neuer Verkehrsmittel und verschiebt ihre Reichweite und Geschwindigkeit immer weiter nach oben.

Innovationen

Der größte Innovationsschritt in der Geschichte des Verkehrs war die Erfindung des Rads. Noch immer wird der überwiegende Teil der weltweiten Mobilität über Räder abgewickelt. Man weiß wenig darüber, wie es zu diesem epochalen Schritt gekommen ist. Eine Annahme geht dahin, dass die Töpferscheibe eine Vorläuferin des Rads war. Das ist eine durchaus plausible Erklärung. Noch heute sind Analogie und assoziative Verknüpfung wesentliche Treiber von Innovation.

Wagen mit Rädern kamen Mitte des 4. Jahrtausends v. Chr. in Gebrauch. Im feuchten Boden hinterließen die Räder Spuren, die sich bei Trockenheit verhärteten. Diese zufällig entstandene Spurführung erleichterte das Ziehen und Stoßen der Wagen. Aufgrund dieser Erfahrung legte man bereits in der Jungsteinzeit Spurrillen künstlich an. In altägyptischen Steinbrüchen wurden Reste von Spurbahnen entdeckt. Auch die Griechen übernahmen diese Technik. Um die gefährliche Umschiffung des Peloponnes zu vermeiden, wurde etwa 500 v. Chr. zwischen dem Korinthischen und dem Saronischen Golf ein «Schiffskarrenweg» mit Spurrillenführung und Seitenmauern als Entgleisungsschutz gebaut. Die Römer brachten die antike Spurrillentechnik zur Blüte. «Die Technik der Herstellung solcher ‹Kunststraßen› muss hoch entwickelt gewesen sein. Auf den für Lasttransporte bestimmten Hauptverkehrswegen bauten die Römer aus fest ineinandergreifenden, völlig eben behauenen Quadern gewissermaßen gemauerte Fahrbahnen mit sorgfältig eingearbeiteten Räderspuren.»[1]

Gegen Ende des Mittelalters drangen die Stollen der Bergwerke tiefer in den Untergrund. Es wurde immer aufwendiger, den Schutt zu entsorgen. Das war der Motor für eine Reihe fundamentaler Innovationen. Aus Baumstämmen wurden «Gleise» gelegt. In einem 1557 in Basel veröffentlichten Buch wurde dafür der Begriff «Gleis der Trömen» verwendet (der heute noch als «Tram» weiterlebt). Um diese Gleise besser zu nutzen, koppelte man mehrere Förderwagen aneinander. Damit war der «Zug» geboren. Die Förderwagen hatten zunächst noch einfache Holzräder, später wurden sie zum Schutz gegen Entgleisungen mit einem «Spurkranz» versehen. Die Lebensdauer der Holzschienen war kurz, der ständige Kontakt mit Wasser und Schmutz führte zu vielen Entgleisungen. Deshalb begann man die Spurrillen mit Eisenstangen auszulegen. Gegen Mitte des 18. Jahrhunderts kamen erste gegossene Eisenschienen zur Anwendung. Führend in dieser Entwicklung war England, wo man 1770 die vertieften Gleise durch hervorstehende ersetzte. Die Winkelschiene verhinderte das Entgleisen der nun mit Eisenrädern ausgerüsteten Züge. Vielerorts, auch untertags, wurden die Züge auf dieser «railroad» von Pferden gezogen. Die Pferdebahn war die letzte Vorstufe zur Eisenbahn.

Den letzten Baustein lieferte James Watt. Indem er den Kondensationsprozesses aus dem Zylinder in einen separaten Kondensator verlagerte, verbesserte er den Wirkungsgrad der Dampfmaschine derart, dass ihr Einsatz in vielen Bereichen zu einer sprunghaften Steigerung der Produktivität führte. Fortan war der Standort von Produktionsstätten nicht mehr an einen Wasserlauf gebunden. Der Einbau einer Dampfmaschine in ein Triebfahrzeug, Lokomotive genannt, ersetzte schließlich die Pferde.

Nach über 6000 Jahren haben sich alle Teile dieses Puzzles (die Spurführung, die Zugbildung, das Gleis, Rad und Schiene aus Eisen, das Triebfahrzeug) zur Eisen-Bahn zusammengefügt. Zur gleichen Zeit entstanden erste Gussstahlfabriken, die die Stahlproduktion sprunghaft erhöhten. Das Rad-Schienen-System – Stahl auf Stahl – hat den geringsten Reibungswiderstand aller Landverkehrsmittel (außer der Magnetschwebebahn). Damit können große Lasten mit hoher Geschwindigkeit befördert werden. Der geringe Reibungswiderstand birgt auch Nachteile. Das Beschleunigungsvermögen schwerer Züge ist bescheiden, der Bremsweg lang und es können nur geringe Steigungen bewältigt werden. Deshalb sind die historischen Gleisanlagen oft kurvig angelegt. Um den Alpenwall zu überwinden, entwickelten die Ingenieure spiralförmige Kehrtunnel.

Der Einbau von Dampfmaschinen lag auch im Schiffsbau nahe. Allerdings waren die dampfgetriebenen Raddampfer wesentlich schwieriger zu manövrieren als wendige Segelschiffe. Außerdem wurden diese vom kostenlosen Wind angetrieben, während für den Antrieb von Dampfschiffen teure Kohle verfeuert werden musste, die überdies einen Teil des Laderaums beanspruchte und ein weltweites Versorgungssystem erforderte. Erst als der englische Ingenieur Isambard Brunel 1843 den ersten schraubengetriebenen Dampfer mit einem Schiffskörper aus Eisen baute, setzte sich die neue Technologie durch.

Der Gegensatz zwischen der langen, mit Zufällen gespickten, stufenweisen Serie von Innovationen bis zur Erfindung der Eisenbahn und der nächsten epochalen Innovation könnte nicht krasser sein. In den 1870er-Jahren entwickelten Nicolaus August Otto, Gottlieb Daimler und Wilhelm Maybach den Verbrennungsmotor. Bereits 1886 zirkulierten eine vierrädrige «Motorkutsche» von Daimler und ein dreirädriges Fahrzeug von Carl Benz angetrieben von Verbrennungsmotoren auf der Straße.

Weder die Eisenbahn noch das Automobil waren alte Träume der Menschheit – im Gegensatz zum Traum vom Fliegen, der in der griechischen Mythologie mit der Geschichte von Ikarus verewigt ist. 1783 trotzte der erste Mensch mit einem Heißluftballon, nach ihren Erfindern Mongolfière genannt, der Erdanziehung.

Gegen Ende des Jahrhunderts entwickelten verschiedene Luftpioniere die technischen und aerodynamischen Grundlagen, auf deren Basis die Gebrüder Wright (die zuvor Fahrräder konstruiert hatten) ein Flugzeug entwickelten, mit dem sie 1903 den ersten erfolgreichen Flug absolvierten. Zum «kulturellen Modell» wurde das Fliegen aber erst im Ersten Weltkrieg. «Es beginnt jener Kampf am Himmel, der auch ein Kampf um den Himmel ist. … Flieger (werden) zu nationalen Helden verklärt …»[2] 1926 wurde die Lufthansa gegründet, 1929 der Berliner Flughafen Tempelhof gebaut. 1932 konnte die dreimotorige Ju 52 bis zu 16 Personen mit einer Geschwindigkeit von 240 km/h befördern.

Innovation ist zu einem Alleskleber-Modewort geworden. Hier verstehen wir darunter – im ursprünglichen Wortsinn – eine sprunghafte Erneuerung, die sich von der wellenförmig verlaufenden Weiterentwicklung abgrenzt. Die nächste echte Innovation war wieder ein Produkt des Kriegs: Ab 1944 wurde die deutsche Messerschmitt Me 262, das erste in Serie hergestellte Flugzeug mit einem Düsentriebwerk, eingesetzt. Vier Jahre später erfolgte mit der amerikanischen F-86 Sabre der erste Überschallflug. Als erstes serienmäßig hergestelltes Strahlflugzeug für die Zivilluftfahrt war die britische de Havilland DH.106 Comet ab Anfang der 1950er-Jahre im Einsatz. Dank der höheren Geschwindigkeit und Reichweite setzte sich der Düsenjet in der Zivilluftfahrt rasch durch.

In den 1950er-Jahren, als die Wirtschaft wieder auf Hochtouren zu laufen begann und Auto und Flugzeug zum Siegeszug ansetzten, wurde die Eisenbahn als Transportmittel der Vergangenheit empfunden. Szenarien wie in den USA, wo die Bahn ihre einst dominierende Stellung verloren hatte, schienen wahrscheinlich. Japan allerdings konnte auf die Eisenbahn nicht verzichten. Die rund 500 Kilometer lange Strecke zwischen Tokio und Osaka gilt noch heute als die am stärksten frequentierte Verbindung der Welt. Alternativen zur Bahn gab es für die Planer der 1930er-Jahre angesichts der schieren Masse keine. Das bestehende Schmalspur-Bahnsystem bot kaum Möglichkeiten zur Expansion. Daher plante man eine neue Normalspurbahn. Der Krieg führte zur Einstellung der Arbeiten, aber immerhin hatte man das Land für die neuen Trassen gesichert. Anfang der 1960er-Jahre wurden die Verkehrsprobleme zwischen Tokio und Osaka drängender und man reaktivierte die alten Pläne. Nun wollte man keine konventionelle Bahn mehr bauen, sondern wagte den Schritt ins Neuland der hohen Geschwindigkeit. Diese Entscheidung, in ein scheinbar überlebtes System zu investieren und gleich noch seine bisherigen Grenzen zu sprengen, war außerordentlich mutig. 1958 wurde das Projekt genehmigt, 1959 begonnen und pünktlich zu Beginn der Olympischen Sommerspiele 1964 in Tokio dem Betrieb übergeben – eine sowohl technisch wie zeitlich überragende Leistung. Seither sind die Shinkansen-Züge, auch Bullet Trains genannt, im Einsatz, zunächst mit einer Höchstgeschwindigkeit von 210 km/h. Ihre Zuverlässigkeit und Sicherheit gelten weltweit als einzigartig. Bereits 1976 wurde der milliardste Passagier befördert.

Das japanische Erfolgsmodell wurde in Europa und Asien vielerorts kopiert. Vorreiter war Frankreich, das seine erste TGV-Strecke zwischen Paris und Lyon 1981 in Betrieb nahm und seither ein dichtes Hochgeschwindigkeitsnetz aufgebaut hat. Mittlerweile hält ein TGV mit 574,79 km/h den Geschwindigkeitsrekord für die klassische Eisenbahn. Was wäre geschehen, hätte man damals in Japan nicht diesen Mut gehabt? Es ist zu vermuten, dass die Eisenbahn ohne diese epochale Entscheidung nicht mehr die heutige Bedeutung hätte.

Malcom McLean hatte sich als Besitzer einer Trucking Company immer wieder über die lange Umschlagszeit vom Lastwagen auf das Schiff geärgert. Er verkaufte seine Firma und erwarb zwei Occasion-Tanker, die er zu Containerschiffen umbaute. 1956 verschiffte er erstmals 58 Container. Bereits 1961 wurden die Ausmaße eines ISO-Containers normiert. Der Container setzte sich mit enormer Geschwindigkeit durch und revolutionierte den Gütertransport auf dem Wasser und auf dem Land.

Im Vergleich mit Bahn und Flugzeug fällt auf, dass das Auto in den letzten Jahrzehnten zwar stetig weiterentwickelt wurde, aber kaum Innovationen im eigentlichen Sinn des Worts auszumachen sind. Das 1961 in Serienproduktion hergestellte Schwimmauto Amphicar 770 konnte sich jedenfalls nicht durchsetzen. Erst mit dem Prius von Toyota, dem ersten Auto mit Hybridantrieb, wurde etwas fundamental Neues auf den Markt gebracht. Mit Tesla ist schließlich ein Akteur auf den Plan getreten, der mit seinen Innovationen die ganze Automobilindustrie vor sich hertreibt.

In den 1990er-Jahren begannen sich in Japan und der Schweiz Fahrräder mit Elektroantrieb, E-Bike oder Pedelec genannt, zu verbreiten. Für Berufspendlerinnen und -pendler hatten diese Fahrzeuge im Vergleich zu einem konventionellen Rad zwei entscheidende Vorteile. Es erweitert den Distanzradius und ermöglicht auch im welligen Gelände transpirationsfreies Radfahren. Seit geraumer Zeit wächst der E-Bike-Bestand exponentiell. Das E-Bike hat sich sowohl im Berufs- wie im Freizeitverkehr durchgesetzt.

Am Schluss dieser kleinen Geschichte der Innovationen im Mobilitätsgeschehen steht – wie könnte es anders sein – wiederum das Rad. 1970 ließ Bernard Sadov, Manager eines Kofferunternehmens in den USA, einen Koffer mit vier Rädern und einem Band zum Ziehen patentieren. Kommerziell blieb das Ding, das er Trolley nannte und das Assoziationen an den Hund an der Leine weckte, ein Flop. Fast 20 Jahre später montierte Robert Plath, Pilot bei der Northwest Airline, zwei kleine Räder an seinen Koffer. Anstatt auf ein Band setzte er auf einen höhenverstellbaren Teleskopgriff. 1991 gründete er die Firma TravelPro, machte mit seinen Rollkoffern schon im ersten Jahr 1,5 Millionen Dollar Umsatz und wurde Multimillionär. «Mit zwei kleinen Kunststoffrädern hat er die Welt verändert. Oder zumindest das Leben von Millionen Bürgern angenehmer gemacht.»[3]

Von all den beschriebenen Innovationen hat der Rollkoffer

wohl die beste Kosten-Nutzen-Bilanz. Er verbreitete sich übrigens just zu der Zeit, als vielerorts Gesetze für die Umsetzung von Maßnahmen zugunsten von Menschen mit eingeschränkter Mobilität erlassen wurden. Um die gesetzlichen Vorgaben zu erfüllen, wurden Rampen gebaut. Das half mit, dass der Rollkoffer zum unentbehrlichen Utensil wurde. Weil der Mensch, der einen schweren Koffer ohne Rollen schleppt, auch ein Mensch mit eingeschränkter Mobilität ist.

Gescheiterte Innovationen

Bereits im 19. Jahrhundert befassten sich Forscher mit der Möglichkeit, den Reibungswiderstand im spurgeführten Verkehr zu vermindern. Im Fokus stand die Suche nach einer berührungsfreien Verkehrstechnik. Wenn es gelänge, ein Fahrzeug im Schwebezustand zu bewegen, könnten wesentlich höhere Geschwindigkeiten ohne Verschleiß, ohne Rollmaterialgeräusche, umweltfreundlich und sicher erreicht werden. Dafür boten sich zwei Möglichkeiten an: das Luftkissen und magnetische Kräfte. Frankreich und England setzten auf das Luftkissenprinzip, Deutschland und Japan auf die Magnetschwebebahn.

In den 1960er-Jahren wurde der auf einem mit einer Gasturbine erzeugten Luftkissen schwebende französische Aerotrain mit Propellerantrieb zum Symbol der Verkehrszukunft. 1969 erreichte er auf einer Teststrecke mit 409 km/h einen Geschwindigkeitsrekord für Landfahrzeuge. Die Beratende Versammlung des Europarats schlug vor, die Metropolen Europas mit einer 800 Kilometer langen Europol-Schnellbahn zu verbinden. Als erster Abschnitt war die Strecke Luxemburg–Straßburg geplant. In Orléans entstand eine 18 Kilometer lange Versuchsstrecke. Die Versuchsfahrten offenbarten einen durch die Strahltriebwerke des Aerotrains erzeugten hohen Lärmpegel und einen gegenüber der Magnetschwebetechnik wesentlich höheren Energieaufwand. Das Projekt wurde begraben.[4] Auf dem Wasser hat sich die Luftkissentechnologie (Hoovercraft) im Fährbetrieb und in anderen Nischen erhalten.

1934 wurde die Erfindung Hermann Kempers, eine «Schwebebahn mit räderlosen Fahrzeugen, die an eisernen Fahrschienen mittels magnetischer Felder schwebend geführt wird», patentiert. Die eigentliche Entwicklung setzte erst nach dem Zweiten Weltkrieg ein. Deutschland setzte auf das elektromagnetische, Japan mit auf das elektrodynamische Schwebesystem. In beiden Ländern baute man Versuchsanlagen. Auf der deutschen Versuchsanlage Emsland wurde 1987 mit dem Transrapid eine Geschwindigkeit von 412 km/h erreicht. 1988 empfahl die Bundesregierung den Bau der «Anwendungsstrecken» Hamburg–Hannover sowie Essen–Bonn. Nach der Wiedervereinigung wurden diese Projekte obsolet. An ihrer Stelle wurde 1992 die Transrapidstrecke Hamburg–Berlin in den Bundesverkehrswegeplan aufgenommen. Zu diesem Zweck verabschiedete der Bundestag eine Reihe von Gesetzen: das Magnetschwebebahnbedarfsgesetz, das Allgemeine Magnetschwebebahngesetz und das Magnetschwebebahnplanungsgesetz. Nachdem sich die Deutsche Bahn vehement dagegengestellt hatte, wurde das Projekt im Jahr 2000 eingestellt. Die Deutsche Bahn begründete ihre Haltung mit dem Missverhältnis der zusätzlichen Kosten zum zusätzlichen Nutzen. Auch ein bescheideneres Projekt, die Anbindung des Münchner Flughafens an den Hauptbahnhof, scheiterte.

Immerhin hoffte man auf den Export der Zukunftstechnologie. In Schanghai baute ein Konsortium von Siemens und Thyssen-Krupp in Kooperation mit Partnern vor Ort die erste Magnetschwebebahn für den kommerziellen Einsatz. 2003 weihten der damalige Bundeskanzler Gerhard Schröder und der Premierminister von China Zhu Rongji die 30 Kilometer lange Strecke vom Flughafen in die Innenstadt ein. Die Fahrzeit beträgt 7 Minuten und 18 Sekunden. Das deutsche Konsortium hoffte auf Folgeaufträge. Besonders im Fokus hatten sie die 1300 Kilometer lange Strecke von Peking nach Schanghai. Nachdem für diese Strecke der Systementscheid für eine konventionelle Hochgeschwindigkeitsbahn gefallen war, entschwand auch diese Illusion. Endgültig begraben wurden die Ambitionen Deutschlands, mit der Systemführerschaft in der Magnetschwebetechnik die Welt zu erobern, als 2006 ein Transrapid auf der Versuchstrecke Emsland in einen Werkstattwagen fuhr und 23 Menschen starben.

Mitte der 1990er-Jahre war ich in Tokio Zeuge einer Präsentation der japanischen elektrodynamischen Maglev, die glauben machte, die Betriebsaufnahme sei nur noch eine Frage von wenigen Jahren. 2015 hat die Maglev immerhin auf einer Teststrecke mit 603 km/h einen Weltrekord aufgestellt. Der neue Zeithorizont ist nun 2027. Dann soll die Maglev Tokio mit Nagoya verbinden, die Verlängerung nach Osaka ist für 2045 geplant. China beabsichtigt, mit einer an den Transrapid angelehnten Technik eine Magnetschwebebahn für die 1000 Kilometer lange Strecke von Wuhan nach Guangzhou zu erstellen. Geschwindigkeiten bis 1000 km/h sollen gefahren werden, was nur in Tunnels mit Teilvakuum möglich wäre. 2020 sollte mit dem Bau in Wuhan begonnen werden, ein Plan, der von einem Virus durchkreuzt wurde.

Bis heute ist die kurze Verbindung zwischen dem Flughafen und der Stadt Schanghai die einzige Magnetschwebebahn im kommerziellen Betrieb geblieben. Die Auslastung blieb weit unter den Erwartungen. Offenbar sind für die Kundinnen und Kunden die Grenzkosten (in Form höherer Preise) größer als der zusätzliche Nutzen, auch weil sie auf billigere Angebote ausweichen können.

Im Vergleich zur Luftfahrt hat die Magnetschwebebahn einen Nachteil und einen Vorteil. Der höhere Luftwiderstand am Boden verschlechtert die Energiebilanz (was durch den Energieverbrauch, um die Flughöhe zu gewinnen, vor allem bei kürzeren Flügen aufgewogen wird). Anderseits ist das Ziel der Klimaneutralität für die Magnetschwebebahn einfacher zu erreichen als für das Flugzeug. Das könnte ihr im Landverkehr auf großen Distanzen neuen Schub verleihen.

Wer immer ein neues System aufbauen will, steht unter dem Diktat des abnehmenden Grenznutzens. Maßstab dafür sind die heute weltweit im Einsatz stehenden, auf der klassischen Bahntechnologie beruhenden Hochgeschwindigkeitszüge. Diese sind in den vergangenen Jahrzehnten immer schneller geworden. Indem sich China für ein landesweites Hochgeschwindigkeitssystem auf Basis klassischer Bahntechnologie entschieden hat, ist ein wichtiger Systementscheid gefallen. Ein paralleles Netzwerk aufzubauen kann sich wohl nicht einmal China leisten. Der Einsatz einer Magnetschwebebahn kann nur auf langen Punkt-zu-Punkt-verbindungen mit enormem Potenzial Sinn machen.

Der französische Philosoph Paul Virilio begründete eine Disziplin, die er Dromologie nannte und deren einziger namhafter Vertreter er geblieben ist. Grob umschrieben könnte man Dromologie als «Soziologie unter besonderer Berücksichtigung der Geschwindigkeit» bezeichnen. Kern des Wissenschaftszweigs, so Virilio, sei das «chronologische Gesetz», nach dem jede höhere Geschwindigkeit die niedrigere Geschwindigkeit verdrängt.[5]

Tatsächlich schien es in der Geschichte nur einen Trend zu geben: immer schneller. So war es nur folgerichtig, dass auch der Überschallflug in der Zivilluftfahrt Einzug gehalten hat. Das erste zivile Überschallflugzeug war die sowjetische Tupolew Tu-144. 1973 wurde die erste Serienmaschine dieses Typs bei der Flugschau in Le Bourget bei Paris präsentiert. Dabei geriet das Flugzeug in einen Sturzflug und brach bei den Korrekturmanövern auseinander. Nach weiteren Unfällen 1978 und 1980 wurde der Linienbetrieb eingestellt. Besser erging es der Aérospatiale-BAC Concorde, einem britisch-französischen-Gemeinschaftsprojekt. Die Concorde erreichte maximal Mach 2,23 (2400 km/h) und wurde ab 1976 insbesondere für Flüge von Paris bzw. London nach New York eingesetzt. Gegenüber einem konventionellen Jet wurde die Flugzeit um die Hälfte reduziert. Von Beginn an stand der Einsatz der Concorde unter wirtschaftlichem Druck. Der Treibstoffverbrauch war enorm, auf vielen Flughäfen konnte die Maschine wegen zu hoher Lärmwerte nicht landen und wegen der stromlinienförmigen Form bot sie nur für maximal 100 Sitze Platz. Am 25. Juli 2000 verunglückte eine Concorde kurz nach dem Start in Paris. Alle 109 Menschen an Bord und vier Personen am Boden kamen ums Leben. 2003 wurde der Linienbetrieb eingestellt.

Nun will Boom Technology, ein Start-up in Denver, wieder ein Überschallflugzeug auf den Markt bringen. Seit 2014 wird eine Maschine für 55 Passagiere und einer Geschwindigkeit von 2335 km/h entwickelt.[6] Der Triebwerkbauer Rolls-Royce will zusammen mit Virgin Galactic ein Passagierflugzeug entwickeln, das 19 Passagiere mit dreifacher Schallgeschwindigkeit transportieren kann. Noch ehrgeiziger sind chinesische Ingenieure, die ein Strahltriebwerk vorgestellt haben, das eine neunfache Schallgeschwindigkeit ermöglichen soll. Damit könnte man in zwei Stunden jeden Ort der Welt erreichen. Die Wahrscheinlichkeit ist groß, dass das eherne Gesetz des abnehmenden Grenznutzens auch hier zuschlägt. Es ist jedenfalls nicht anzunehmen, dass mit diesen Initiativen je ein Massenmarkt erschlossen wird.

Aufgrund dieser Geschichten lassen sich die Voraussetzungen für eine erfolgreiche Innovation erschließen: 1) technische Machbarkeit; 2) Nachfrage; 3) Wirtschaftlichkeit. Sowohl bei 2) als auch bei 3) spielt das Gesetz des abnehmenden Grenznutzens die entscheidende Rolle: bei 2) aus der Sicht der potenziellen Kunden, bei 3) aus jener der Kapitalgeber. Warum ist die Magnetschwebebahn in Schanghai kein Erfolgsmodell? Weil der wesentlich höhere Preis den Zeitgewinn für die Kunden nicht aufwiegt und daher die Auslastung gering ist. Auch weil die Kundschaft auf billigere Varianten ausweichen kann. Das Ergebnis ist eine entsprechend magere Rendite des eingesetzten Kapitals.

Als Fußnote der Geschichte wurde schließlich auch der Segway begraben. Vor 20 Jahren wurde das Gefährt sogar von Steve Jobs als Verkehrsrevolution gefeiert. Man hat mir das Ding einmal vorgeführt, in der Überzeugung, es eigne sich besonders in

Kombination mit der Eisenbahn. Angesichts seines Gewichts war das jedoch eine augenfällige Illusion. Die Ursache des Misserfolgs ist banal: keine Nachfrage.

5. Was auf uns zukommt

Von dem dänischen Philosophen Søren Kierkegaard stammt die Einsicht, die Tragik unseres Lebens bestehe darin, dass es vorwärts gelebt, aber rückwärts verstanden werde. In der Tat: Jede Entscheidung, die wir treffen, betrifft die Zukunft. Sie basiert, ob bewusst oder unbewusst, auf einer Lageanalyse. Diese beruht auf Fakten (die ausschließlich in der Vergangenheit liegen) und Annahmen über die Zukunft, die immer einen spekulativen Charakter haben. Denn das Wesen der Zukunft, so der Philosoph Karl Popper, ist ihre grundsätzliche, fundamentale und unverrückbare Unvorhersehbarkeit.

Der preußische General und Begründer der modernen Lehre von der Strategie Carl von Clausewitz beschreibt diese Tragik bildhaft: Strategische Entscheidungen werden im «Nebel der Ungewissheit» getroffen. Je genauer man plane, fügt er maliziös an, desto gründlicher werde man scheitern. Nicola N. Taleb, der Autor des berühmt gewordenen Buchs *Der schwarze Schwan*, treibt den Gedanken weiter. «Das Normale ist ohne Bedeutung. Nahezu alles im sozialen Leben wird durch die seltenen, aber folgenschweren Erschütterungen und Sprünge hervorgerufen.»[1] Deshalb entwickelt sich die Geschichte nicht linear oder in einer Wellenbewegung, sondern als Zickzacklinie, geprägt durch Zufälle oder «Überraschungsmomente», wie sie der Historiker Joachim Radkau nennt.[2] Mit der Coronakrise mussten wird das einmal mehr erfahren.

Megatrends

Und doch gibt es Tiefenströmungen, die den Gang der Dinge maßgeblich beeinflussen. Man nennt sie Megatrends. Zum Teil wirken sie schon seit Jahrhunderten. Sie haben einen globalen Charakter und verändern die Welt langsam, aber stetig. Viele davon beeinflussen das Mobilitätsverhalten.

Seit etwa 1000 Jahren wirkt der älteste Megatrend, die Urbanisierung. 1900 lebten 10 Prozent der weltweiten Bevölkerung in Städten, 2007 waren es 50 Prozent und 2050 sollen es 75 Prozent sein.[3] Ein immer größer werdender Teil wohnt in Megacitys mit mehr als zehn Millionen Einwohnern, von denen heute 33 existieren. Die Coronakrise hat zwar die Stadt etwas stigmatisiert, aber ob der Trend damit im Weltmaßstab auch nur abflacht, ist unwahrscheinlich.

Um das Jahr 1800 betrug die durchschnittliche Lebenserwartung der Weltbevölkerung 30 Jahre. Der Trend zum Gewinn von Lebenszeit begann um 1890 in Europa, Nordamerika und Japan. Die Voraussetzungen dafür wurden bereits am Anfang des 19. Jahrhunderts gelegt. Die Hygienebewegung führte zu Verbesserungen bei der Abfallbeseitigung und der Versorgung mit und Entsorgung von Wasser. Die Medizin entwickelte sich rasant und nach und nach wurden Gesundheitssysteme auf- und ausgebaut. Seither ist der Trend zur ansteigenden Lebenserwartung ungebrochen.[4] Im Jahr 2019 ist die weltweite durchschnittliche Lebenserwartung für Männer auf 70,6, für Frauen auf 75 Jahre gestiegen.

Schon Ende des 17. Jahrhunderts vertraten englische Ökonomen Ansätze einer Theorie des strukturellen Wandels. Populär wurde die Theorie aber erst mit dem Buch *Die große Hoffnung des 21. Jahrhunderts* des französischen Ökonomen Jean Fourastié im Jahr 1949. Demnach wird die Volkswirtschaft in drei Sektoren gegliedert: Der primäre Sektor umfasst Landwirtschaft und Bergbau, der sekundäre die Industrie und der tertiäre die Dienstleistungen. Technischer Fortschritt führt dazu, dass die Arbeitsproduktivität steigt und sich das Gewicht der Sektoren vom ersten zum zweiten und schließlich zum dritten Sektor verlagert. Oder, wie es Fourastié bildhaft ausdrückt, vom Acker in die Fabrik ins Büro. Die Entwicklung der letzten 100 Jahre hat die Theorie bestätigt. Die «Tertiarisierung» ist ein Megatrend geblieben.

Der steigende Wohlstand hat zu höheren Einkommen und stetiger Reduktion der Arbeitszeit geführt. Die Restzeit, für die der Duden 1929 erstmals das Wort Freizeit einführte, erhöhte sich in Verbindung mit der steigenden Lebenserwartung kumulativ. «1990 überholte erstmals die Freizeit die Arbeitszeit»[5], wodurch es zu einer «historisch einmaligen Erweiterung des Möglichkeitsraums»[6] kam. Das hat zum Megatrend einer wachsenden Freizeitindustrie geführt – eigentlich ein irreführendes Wort – weil es sich im strengen Sinn des Worts nicht um eine Industrie handelt.

1972 publizierte der Club of Rome den Bericht *The Limits to Growth (Grenzen des Wachstums)*. Rund 70 Experten aus 25 Ländern hatten sich mit der Frage befasst, was die Menschheit tun muss, um langfristig zu überleben. Das Grundproblem, so die Studie, sei das exponentielle Wachstum von Bevölkerung, Industrieproduktion, Rohstoffverbrauch und Umweltverschmutzung. Dieses könne wegen der beschränkten Ressourcen langfristig nicht durchgehalten werden. Der Bericht löste einen Trend aus, den man unter den Sammelbegriff «Ökologisierung» fassen kann. Mittlerweile umfasst er einen breiten Strauß von zusammenhängenden Themen wie Klima, Artenvielfalt, Bodenbeschaffung, Energie, Wasser, Ernährung, Gesundheit, Abfall.

Mit dem Zweiten Weltkrieg begann das Zeitalter des Computers. Heute ist die Digitalisierung der Megatrend mit den stärksten unmittelbaren Auswirkungen. Das liegt an der Vielfalt ihrer Ausprägungen, ihrer enormen Dynamik und ihrem Potenzial an «schöpferischer Zerstörung».

2007 wurde das iPhone 1 lanciert und löste den Megatrend der mobilen Konnektivität aus. Kein anderer Megatrend hat so schnell eine globale Wirkung entfaltet. Innerhalb kürzester Zeit hat sich die Welt in ihrem Kommunikationsverhalten dramatisch verändert. In der Coronakrise konnten dank der Möglichkeiten der Konnektivität Arbeiten, Unterricht und soziale Beziehungen aufrechterhalten werden. Was immer auch die Langzeitfolgen der Krise sein werden: Virtuelle Sitzungen, partielles Homeoffice und Online-Einkauf werden ihr Erbe bleiben.

Alle diese Megatrends verändern die Mobilität von Personen

und Gütern. «Wenn wir die Zukunft schon nicht vorhersagen können, dann gestalten wir sie.» Diese Aussage wird den Silicon-Valley-Granden zugeschrieben. Die Franzosen lieben dafür den Ausdruck «voluntaristische Politik». Im Bereich der Mobilität nennt sich diese gestalterische Funktion Verkehrspolitik. Und die ist aufgrund der heutigen Lage und der anhaltenden Wirkung dieser Megatrends gefordert.

Zwei Probleme

Das einer Verkehrspolitik übergeordnete Ziel ist der Erhalt von Freiheit und Wohlstand unter der Annahme, dass die Mobilitätsströme auch in Zukunft wachsen werden. Dabei stellen sich zwei Probleme:

1) Problem instrumenteller Natur. Der Verkehr verursacht weltweit etwa ein Viertel des gesamten CO2-Ausstoßes. In den Industrieländern ist dieser Anteil oft noch höher (in der Schweiz liegt er über 30 Prozent). «Kein Bereich hat größeren Aufholbedarf beim Klimaschutz als der Verkehr.»[7] Klimaneutralität ist das Ziel. Kein Weg dazu führt am Ausstieg aus fossilen Energiequellen vorbei. Dekarbonisierung ist zum kategorischen Imperativ geworden.

   Dieses Problem ist ohne technischen Fortschritt nicht zu lösen. Beim Auto zeichnet sich ab, dass die Zukunft in der batteriebetriebenen Elektrifizierung liegt. Offener ist die Lage für Busse, den Schwerverkehr auf der Straße, in der Schiff- und der Luftfahrt.
2) Problem quantitativer Natur. Die Rahmenbedingungen für die permanent wachsende Mobilität müssen so gestaltet werden, dass sich Menschen und Güter mit vertretbarem Aufwand von O nach D bewegen können.

Anfang der 1990er-Jahre äußerte sich das quantitative Problem immer drängender. Staus auf Autobahnen und in den Städten wurden zu einem unübersehbaren Phänomen. Das Schreckgespenst: ein durch eine Verkoppelung aller Staus auf Autobahnen und in den Städten entstehender Stillstand – die Selbsterstickung des Verkehrs durch die schiere Masse – drastisch als Verkehrsinfarkt bezeichnet. Die Analogie mit dem Herzinfarkt, einer Krankheit mit einer hohen Mortalität, weckt entsprechende Assoziationen.

Ob *Die Zeit*, *Der Spiegel* oder der *Stern*, sie alle widmeten dem Thema Titelgeschichten und Grundsatzartikel. *Die Zeit* fordert unter dem Titel «Blind in den großen Stau» eine Ökonomie, die ohne mehr Verkehr wachsen kann.[8] *Der Spiegel* verrät sein Rezept für den Verkehr in den Städten schon im Titel: «Wir müssen das Auto verbannen».[9] Mit zugespitzter Ironie meint er: «Die Städte müssten nur ihre Straßen doppelt so breit machen, dann könnte jeder mit seinem Auto in die Innenstadt fahren – bloß, dann gibt es keine Innenstadt mehr.» Der *Stern* zeigt auf einer Doppelseite eine Viererkolonne der Autos aller 108 Mitarbeitenden des Gruner+Jahr-Verlags auf der Hamburger Mönckebergstraße. Dabei wird eine Fläche von 2106 Quadratmetern belegt. Auf der nächsten Doppelseite stehen dieselben Menschen ohne Auto in einer Sechserkolonne. Dafür benötigen sie eine 50 Mal kleinere Fläche. Über den vier Seiten die Überschrift «Weg mit dem Blech … Rein in den Bus». Auf diese Weise wird ein verkehrspolitischer Schlüsselbegriff, die «Flächeneffizienz», anschaulich illustriert. Dabei zeigen die Bilder nicht einmal alles: Die Parkflächen für die Autos benötigen nochmals die gleiche Fläche.[10]

In den vergangenen 30 Jahren haben sich alle stauverursachenden Parameter zum Schlechten verändert. Es gibt mehr Menschen; die Zahl der Autos hat noch stärker zugenommen; die mittlere Belegung eines Autos ist gesunken; die Automobile sind länger und schwerer geworden; die Pendlerdistanzen haben sich verlängert; der Freizeitverkehr hat zugenommen; es werden immer mehr Güter transportiert. Und immer noch heißt es: «Das System kollabiert.»[11]

Trotz alledem: Es ist ein Wunder geschehen, der Verkehrsinfarkt ist bis heute ausgeblieben. Warum? In der Zwischenzeit wurden wohl einige Engpässe im Autobahnnetz beseitigt, aber Ausbauten in großem Stil hat es im Straßennetz nicht gegeben. Mehr investiert wurde in den öffentlichen Verkehr. In der Schweiz wurde 1990 die S-Bahn Zürich in Betrieb genommen und seither in verschiedenen Etappen ergänzt. In der Folge führte man in allen größeren Agglomerationen der Schweiz S-Bahn-Systeme ein. 2004 wurde das Konzept «Bahn 2000» umgesetzt. 135 Bauprojekte, darunter eine Neubaustrecke, ermöglichten ein neues Angebotskonzept mit wesentlich mehr Zügen und markanten Fahrzeitverkürzungen. Auch in Deutschland wurden S-Bahnen ausgebaut oder, wie im Raum Leipzig/Halle, neu konzipiert. Seit 1990 wird der ICE mit Erfolg auf einem immer umfangreicheren Schnellfahrnetz eingesetzt.

All diese Entwicklungen erklären nicht, weshalb sich der seit 30 Jahren als unmittelbar bevorstehend verkündete Kollaps nie ereignet hat. Die Antwort heißt: Selbststeuerung. Jedermann weiß, was sich auf der Gotthard-Autobahn um Ostern abspielt. Wer trotzdem diese Route wählt, tut dies im vollen Bewusstsein über die Konsequenzen und wartet einige Stunden im Stau (was noch lange kein Infarkt ist). Andere wissen, wie man auf anderen Wegen in den Süden kommt und wieder andere vermeiden es, gerade in dieser Zeit dorthin zu reisen. Tatsächlich versucht eine Mehrheit der Autofahrer Staus aktiv zu umgehen, entweder durch eine andere Routenwahl oder eine Verschiebung der Fahrzeiten.[12]

In den vergangenen 30 Jahren wurde der Durchsatz auf den Straßen – die Menge, die in einer bestimmten Zeit einen Querschnitt passieren kann – markant erhöht. Dazu haben verschiedene Maßnahmen beigetragen: Geschwindigkeitsharmonisierung, selektive Freigabe von Pannenstreifen, Tropfenzählersysteme bei den Autobahneinfahrten, Optimierung der Baustellenplanung.

Trotzdem wird festgestellt: «Verkehrsstaus kosten in der Schweiz jährlich rund 1,9 Milliarden Franken.» Nur: 1) basiert dieser Wert auf einer höchst unsicheren statistischen Basis. Die Staustunden beruhen nicht auf flächendeckenden Echtzeitdaten, sondern auf vorsintflutlich anmutenden manuellen Eingaben. 2) Wer am Ostermontag am Gotthard im Stau steht, verursacht keine volkwirtschaftlichen Kosten, sondern muss die verlorene Zeit persönlich abbuchen. Das gilt für den größten Teil des privaten Straßenverkehrs.

Der TomTom Traffic Index misst den Congestion Level (einen Stauindex) in Echtzeit in 416 Städten als prozentuale Abweichung zu einer als normal definierten Fahrzeit. 2019 betrug die durchschnittliche Abweichung 29 Prozent, was angesichts der ewigen Verkehrskollapsbeschwörungen eher bescheiden anmutet. Der Traffic Index gibt auch Empfehlungen ab. Erstens soll man sein Mobilitätsverhalten bewusst wahrnehmen und gegebenenfalls anpassen, zweitens soll man alternative Routen benutzen und drittens Spitzenzeiten meiden. Diese Hinweise zeigen, wie wichtig die Selbststeuerung durch die Verkehrsteilnehmenden ist.

Die Eckpunkte für die Lösung des quantitativen Problems sind: 1) Man muss akzeptieren, was in großen Lettern in der *Neuen Zürcher Zeitung* gestanden hat: «Staufreier Verkehr ist eine Illusion»;[13] 2.) oberste Priorität hat die bessere Nutzung der bestehenden Kapazitäten auf Straße und Schiene; 3) ein Ausbau der Netze hat unter strikter Beachtung des Gesetzes der abnehmenden Grenzkosten zu erfolgen.

Eine Verkehrswende ist ohne Fortschritte in Wissenschaft und Technik, ohne Entwicklungen und Innovationen nicht zu haben. Vieles ist schon in der Pipeline. Vieles wird folgen. Aber das braucht Zeit. Und die Zeit ist knapp. Immerhin ist klar, nach welchem Maßstab die Maßnahmen für eine Verkehrswende zu beurteilen sind. Vier Kriterien sind maßgebend: Durchsatz, Flächeneffizienz, Energieeffizienz und Emissionen.

6. Kriterien für eine nachhaltige Mobilität

Nachhaltige Mobilität ist effizient und umweltschonend. Effizienz kann gemessen werden, die Auswirkungen auf die Umwelt ebenfalls. Dabei zeigt sich, welche Mobilitätsform in welcher Situation besonders geeignet ist.

Durchsatz, Flächeneffizienz, Energieeffizienz, Emissionen

Der Begriff Durchsatz stammt aus der Physik. Der Massenstrom, Fluss, Massendurchsatz oder ganz einfach Durchsatz ist ein Maß für die Masse oder Menge eines Mediums, das sich pro Zeitspanne durch einen definierten Querschnitt bewegt. In der Mobilität ist das die Anzahl der Fahrzeuge, Menschen, Tonnen oder Stücke pro Zeiteinheit.

Grundsätzlich gibt es drei Möglichkeiten, den Durchsatz zu erhöhen: 1) durch einen optimierten Durchfluss; 2) durch eine Vergrößerung des Querschnitts; 3) durch den Bau eines neuen Systems (z. B. eine U-Bahn).

Entscheidendes Kriterium für die Beurteilung dieser Optionen ist das Verhältnis von zusätzlichen Kosten (Grenzkosten) zum zusätzlichen Nutzen (Grenznutzen). Unter diesem Blickwinkel schneidet die Optimierung immer am besten ab – besonders im Verkehr, wo jede Kapazitätserweiterung sehr schnell zur Großinvestition wird, vom Bau eines neuen Systems gar nicht zu sprechen. Dazu kommt, dass im sensibelsten Mobilitätsbereich, den Städten, eine Kapazitätserweiterung meist gar nicht möglich ist.

In einem Interview mit der *Neuen Zürcher Zeitung* macht sich der Direktor des Schweizerischen Bundesamts für Straßen dafür stark, «dem Verkehr mehr Fläche» zu geben. «Anderseits wollen wir besser nutzen, was da ist.» Diese Prioritätensetzung negiert das Verhältnis von Grenzkosten und Grenznutzen, aber auch die zeitliche Dimension. Kapazitätserweiterungen oder gar der Bau neuer Systeme sind in allen ihren Phasen (Planung – Entscheidung – Bau) enorm zeitintensiv und in der letzten Phase auch umweltbelastend.

In seinen weiteren Äußerungen vergleicht der Direktor das Verkehrsnetz mit den Netzen für die Wasserversorgung, das Abwasser und den Strom. Diese seien nur funktionsfähig, wenn das untergeordnete Netz die Mengen des übergeordneten Netzes aufnehmen könne. «Manche Städte» wollten diese fundamentale Logik außer Kraft setzen.[1] Nur: Diese fundamentale Logik gilt im Verkehr nicht. Wasser und Strom fließen in einem gleichmäßigen Massenstrom, während im Verkehr die verschiedenen Verkehrsmittel sich nicht nur im Durchsatz unterscheiden, sondern auch in ihrer Flächeneffizienz.

Bei der Beurteilung der Flächeneffizienz spielen folgende Faktoren einer Rolle: die Flächenbeanspruchung eines ruhenden Verkehrsmittels, die Geschwindigkeit (mit ihrer Auswirkung auf Bremsweg inkl. Reaktionszeit) und die Auslastung. Ein 50 km/h schnell fahrendes Auto mit einer mittleren Auslastung von 1,4 Personen beansprucht pro Person 140 Quadratmeter, mit 30 km/h 65 Quadratmeter. Eine 30 km/h schnelle und zu 20 Prozent ausgelastete Straßenbahn benötigt dafür 5,5 Quadratmeter.[2] Wenn ihre Auslastung auf 40 Prozent steigt, sinkt ihr Flächenbedarf um die Hälfte. In Kopenhagen zeigen Zählungen, dass auf einem Fahrradweg pro Stunde 2,5-mal so viele Personen unterwegs sind wie auf einer wesentlich breiteren Autospur.[3] Wer zu Fuß geht, beansprucht keinen Raum für ein Verkehrsmittel. Deshalb ist der Fußverkehr in dicht bebauten Räumen auf kurze Distanzen in Bezug auf Durchsatz und Flächeneffizienz nicht zu schlagen.

Die Energieeffizienz ist der Maßstab für den Energieverbrauch eines Verkehrsmittels für den Transport einer Person oder eines Guts. Das Maß für die Emissionen eines Verkehrsmittels ist sein

Treibhauspotenzial. Der Kanton Bern hat die Primärenergie und das Treibhauspotenzial verschiedener Verkehrsmittel ermittelt, basierend auf einem schweizerischen Durchschnitt in Bezug auf Flotte (Durchschnitt der eingesetzten Verkehrsmittel, zum Beispiel der verschiedenen Modelle einer Automarke), Strommix und Auslastung. Beim Treibhauspotenzial wird auch die «graue Energie» berücksichtigt, die für Herstellung, Transport, Lagerung, Verkauf und Entsorgung eines Produkts benötigt wird. Die Ergebnisse werden in einer Grafik veranschaulicht, auf der der benzingetriebene PKW, «das Verkehrsmittel mit dem höchsten Primärenergieverbrauch und Treibhauspotenzial» mit dem Index 100 dargestellt wird. Der elektrische PKW steht beim Energieverbrauch bei 77, beim Treibhauspotenzial bei 33, die S-Bahn bei 21 bzw. 5, der Fernverkehr der SBB bei 18 bzw. 3, das E-Bike bei 11 bzw. 8.[4] Die Ermittlung dieser Kennzahlen ist komplex und hängt von verschiedensten Annahmen ab, insbesondere ob und wie die graue Energie berücksichtigt wird. An der Rangfolge der Verkehrsmittel ändert sich aber nichts, wie auch die jüngsten Zahlen der vom deutschen Umweltamt publizierten Emissionsfaktoren zeigten.[5] Im Umweltbericht des Schweizerischen Bundesrats werden Betrieb und Unterhalt, Herstellung (graue Energie) und auch der Fahrweg berücksichtigt. In einer grafischen Darstellung werden drei Kategorien ersichtlich, mit jeweils abnehmender Gesamtbelastung:

1) die individuellen Verkehrsmittel vom Motorrad über den Benzin-Scooter, Elektro-, Hybrid- bis zum Erdgas-PKW. Deren Gesamtbilanz weist relativ geringe Unterschiede auf. Erstaunlich auch, dass der Hybrid-PKW leicht besser abschneidet als das Elektroauto;
2) der öffentliche Verkehr mit Bus und Bahn sowie das E-Bike mit einer weniger als halb so großen Gesamtbelastung;
3) der einsame Spitzenreiter: das muskelbetriebene Fahrrad.[6]

Man kann es drehen und wenden, wie man will: Der PKW schneidet immer am schlechtesten ab, erst recht, wenn beim Flächenverbrauch auch der Parkraum berücksichtigt wird. Dazu kommt, dass sich seine Position permanent verschlechtert, weil die Fahrzeuge immer größer werden und die durchschnittliche Belegung abnimmt.

Das Arsenal von Optimierungsmöglichkeiten ist vielfältig. Der Durchsatz kann durch eine Verbesserung des Verkehrsflusses, die Erhöhung der Auslastung von Fahrzeugen und das Glätten von Verkehrsspitzen erhöht werden. Die Flächeneffizienz lässt sich durch die Präferenz wesensgerechter Verkehrsmittel fördern. Energieeffizienz und Immissionen können mittels technischer Entwicklungen und Innovationen sowie einer Veränderung im Mix der Verkehrsmittel verbessert werden.

Wesensgerechter Verkehr

Als ich Ende der 1970er-Jahre zur Bahn stieß, fiel mir die fast mantrahafte Verwendung des Begriffs «wesensgerechter Verkehr» auf. Angesichts der Defensive, in der sich die Bahn damals befand, war das wie eine Art Pfeifen im dunklen Wald. Auf der Suche nach dem Ursprung des Begriffs wurde ich in einer Vorlage des Eidgenössischen Energie- und Verkehrsdepartements vom 1. August 1973 über das weitere Vorgehen im Alpentransit fündig. Dort steht in Artikel 22 Folgendes:

> «Das optimale Verkehrskonzept ergibt sich nur durch eine Arbeitsteilung zwischen den einzelnen Verkehrsträgern, die deren spezifischen Vorteile ausnützt. … Der Transport ist wesensgerecht und deshalb wirtschaftlich.»

Für den Ferngütertransport, heißt es dort, sei eindeutig die Bahn das geeignete Mittel. So benötige man für den Transport von 1000 Tonnen mit der Bahn einen Mann, beim Straßentransport

100 Männer. Das Kriterium «wesensgerecht» generiert denn auch eine simple Erfolgsformel für den Bahn-Güterverkehr: Masse und Distanz.

Wenn man den Begriff heute in die Suchmaschine eingibt, fällt auf, dass sich seine Verwendung auf die Schweiz beschränkt. Dort findet er sich in allerlei verkehrspolitischen Papieren jeglicher politischer Provenienz. «Eine Umkehr zum wesensgerechten Verehr tut Not», erklärt ein Lobbyist für den Straßentransport, wobei er den seines Erachtens nicht wesensgerechten Verkehr der Bahn anvisiert. Der Automobil Club der Schweiz (ACS), Sektion Zürich, erklärt in seinen Leitlinien:

> «Der öffentliche und private Verkehr sind wesensgerecht einzusetzen, was bedeutet, dass der Verkehr in der Fläche vorwiegend auf der Strasse und der Massenverkehr in und zwischen städtischen Agglomerationen sowie der Massengüterverkehr über längere Strecken vorwiegend auf der Schiene abgewickelt werden.»

Lange wurde der Begriff ausschließlich im Zusammenhang mit dem Automobil- bzw. Bahnverkehr benutzt. In neuerer Zeit sind Verkehrsformen in den Fokus gerückt, die man vorher negiert hat: der Fahrrad- und Fußverkehr. Dabei erlebt der Radverkehr eine ähnliche U-Kurve wie die Straßenbahn. Der Fußverkehr wurde jahrzehntelang als verkehrspolitisch irrelevant betrachtet. Mit der Erarbeitung von Verkehrskonzepten für Großanlässe hat er jedoch Beachtung erlangt. Dort zeigt sich, dass der wesensgerechte Verkehr aus einer Kombination von Schienen- und Fußverkehr besteht und Großevents ohne Konzentration auf den wesensgerechten Verkehr gar nicht mehr zu bewältigen sind. Dabei hat man gelernt, dass die Bahnstation nicht zu nahe am Event liegen sollte, um einen optimalen Durchsatz für den Fußverkehr zu erreichen. Mittlerweile haben sich diese Fußmärsche hier und dort sogar als Teil des Events etabliert.

In der Schweiz hat sich für die Summe von Rad- und Fußverkehr der etwas verwirrende und unpräzise Begriff «Langsamverkehr» eingebürgert. In der Projektorganisation für die Fußball-Europameisterschaft 2008 in Österreich und der Schweiz sorgte das für Missverständnisse, bis unsere österreichischen Kollegen begriffen, dass wir unter Langsamverkehr nicht den stockenden Kolonnenverkehr auf der Straße verstanden.

In einem regionalen Verkehrskonzept (aus der Schweiz) findet sich folgende Aussage:

> «Die Massnahmenentwicklung orientiert sich am wesensgerechten Einsatz der Verkehrsmittel. Im dichten Siedlungsraum geniesst der Langsamverkehr eine hohe Priorität.»

Wenn wir uns an den Maßstab Durchsatz, Flächeneffizienz, Energieeffizienz und Emissionen halten, dann ist jener Verkehr wesensgerecht, der die vier Kriterien in einer bestimmten O-D-Beziehung mit einer vertretbaren Durchschnittsgeschwindigkeit am besten erfüllt.

Im Auftrag des Eidgenössischen Departements für Umwelt, Verkehr, Energie und Kommunikation hat die ETH Zürich 2011 einen Bericht mit dem Titel *Einsatzbereiche verschiedener Verkehrsmittel in Agglomerationen* erstellt.[7] Die Arbeit gipfelt in einem Spinnendiagramm mit den neun Achsen: Flächenbedarf, Leistungsfähigkeit, Reisegeschwindigkeit, Zuverlässigkeit, Erschließungsqualität, Verkehrssicherheit, Umweltaspekte, Energieverbrauch, betriebswirtschaftliche Kosten. Bei sechs Kriterien schneidet der Langsamverkehr am besten ab, bei zweien der öffentliche Verkehr und nur bei einem Kriterium, der Reisegeschwindigkeit, der Privatverkehr.

Es ist offensichtlich, dass das Auto in der Stadt «wesensfremd» ist, was ja auch aus den Leitlinien des ACS Sektion Zürich hervorgeht. Über die Hälfte aller Autoetappen sind kürzer als 10 Kilometer. Es mag gute Gründe für Kurzdistanzfahrten mit dem

Auto geben, was aber einen derart hohen Anteil nicht rechtfertigt. Die gute Nachricht: Hier besteht ein großes und leicht umsetzbares Optimierungspotenzial.

Der wesensgerechte Einsatz eines Verkehrsmittels kann durch technologische Entwicklungen verändert werden. Den größten Sprung machte in der jüngeren Vergangenheit das Fahrrad. Mit dem E-Bike wurden Reichweite und Geschwindigkeit in einer Weise verbessert, dass der PW im urbanen Verkehr seinen Vorteil sogar bei der Geschwindigkeit verloren hat.

7. Transformationen

Bis in die jüngste Vergangenheit war die Geschichte der Mobilität durch das Aufkommen neuer Verkehrsmittel geprägt. In der Gegenwart beobachten wir eine außerordentliche Dynamik, die im Wesentlichen durch die Megatrends der Ökologisierung, Digitalisierung, Urbanisierung sowie das langfristige Ziel einer treibhausgasneutralen Welt getrieben ist. Erfreulich ist, dass es sich dabei schwergewichtig um unternehmerische Initiativen handelt.

Technologische Entwicklungen

«Die Automobilindustrie bebt.» Unter diesem Titel malte die *Neue Zürcher Zeitung* schwarz.[1] «In der Automobilindustrie hat der Kampf um die Existenz begonnen. ... Zwar wird das Auto auch in Zukunft noch vier Räder haben, doch sonst steht alles auf dem Prüfstand.» Die Branche erfahre eine «tektonische Verschiebung, wie noch nie seit der Erfindung des Automobils». Drei Risiken begründen dieses Urteil: das technologische Risiko, das Risiko eines Handelskriegs mit China und das Risiko von Insolvenzen bei den Zulieferern und Händlern. Dieser Artikel ist im November 2019 erschienen. In der Zwischenzeit hat die Coronakrise zugeschlagen und einen globalen Nachfrageeinbruch ausgelöst.

Dekarbonisierung ist der kategorische Imperativ für alle Verkehrsmittel. Für die heute mit Verbrennungsmotor betriebenen Verkehrsmittel gibt es zwei Alternativen: 1) Ersatz der fossilen Brennstoffe durch klimaneutrale Kraftstoffe; 2) elektrischer Antrieb. Für den elektrischen Antrieb gibt es wiederum zwei Möglichkeiten: den Einsatz von Batterien oder von Wassersstoff. Als Randbedingung gilt für beide Alternativen, dass die eingesetzte elektrische Energie klimaneutral erzeugt wird.

Treibstoffe als Ersatz von Benzin, Diesel und Kerosin können entweder auf der Basis von organischen Stoffen (Pflanzenöl, Algen, Zucker, Nahrungsmittelabfälle, Pflanzenreste, Klärschlamm und andere mehr) oder synthetisch hergestellt werden. Synthetische Kraftstoffe laufen unter der Bezeichnung E-Fuels oder Power-to-X. Porsche zum Beispiel treibt die Erprobung von E-Fuels voran. Mit beiden Verfahren könnte die Zukunft von Autos und Flugzeugen mit Verbrennungsmotoren gesichert werden. Ammoniak ist ein synthetisch hergestellter, klimaneutraler Treibstoff, sofern die dafür notwenige Elektrolyse mit Ökostrom durchgeführt wird. In der Kleinstadt Heide in Schleswig-Holstein, wo in direkter Nähe große Mengen Windstrom erzeugt werden, läuft ein Versuch, mit überschüssiger Windenergie synthetisches Kerosin auf der Basis der Methanol-to-Synfuel-Synthese zu erzeugen. 2019 angekündigt, hat das Projekt allerdings immer noch den Charakter einer Ankündigung.[2] Die Lösung für klimaneutrales Fliegen und die Schifffahrt glaubt das Start-up Caphenia gefunden zu haben: «Der Schlüssel liegt im CO_2-Kreislauf: Stammt das CO_2, das für die Herstellung synthetischer Kraftstoffe notwendig ist, aus CO_2-Recycling, so ist die Verbrennung der Kraftstoffe in Flugzeugen und Schiffen klimaneutral.»[3] Da diese Treibstoffe eine extrem hohe Energiedichte besitzen, könnten mit ihnen weite Strecken zurückgelegt werden. Die Herstellung sei rasch umsetzbar und günstig. Mit einem Rekordwirkungsgrad von 86 Prozent könnten große Mengen produziert werden.

Was das Auto anbelangt, gibt es über die generelle Stoßrichtung einen gewissen Konsens. Die Zukunft des Autos wird durch drei Elemente geprägt: Elektrifizierung, Automatisierung und Vernetzung. Was das in der Umsetzung konkret bedeutet, ist in vielen Teilen noch offen.[4]

Bezüglich Konzeption und Antrieb wird das Tempo seit 2008 von Elon Musk und Tesla vorgegeben. Musk hat als Erster ein elektrisch angetriebenes Auto mit unverwechselbarem, attraktivem Design auf den Markt gebracht und ihm damit das Image eines Zukunftsgefährts verpasst. Er hatte den Mut, in die Produktion von Batteriesystemen einzusteigen. Den Schritt in die Massenproduktion traute ihm kaum jemand zu, am wenigsten die alteingesessene Automobilindustrie. Das Magazin *Der Spiegel* ätzte vor noch nicht allzu langer Zeit: «Tesla hat keine technologische Großtat vollbracht, sondern lediglich gezeigt, was passiert, wenn man den ganzen Wagenboden einer Limousine mit japanischen Standardakkus vollstopft. Das Ergebnis ist ein teures, aber immer noch kompromissbehaftetes Auto.»[5]

Derweil rätselte man in der deutschen Autoindustrie über den richtigen Weg. Rein elektrisch oder eher Plug-in-Hybrid oder Brennstoffzelle? BMW wagte die Wette auf die E-Mobilität und lancierte 2013 den i3, während Volkswagen das reine Elektrofahrzeug immer noch als Nischenprodukt einschätzte. 2016 verkündete Volkswagen die E-Offensive. Toyota hatte vor allem hybridgetriebene Autos und Brennstoffzellenfahrzeuge forciert und switchte ebenfalls auf den Elektroantrieb. Diese Kehrtwenden wurden durch aufkommende Diskussionen über ein Verbot von Verbrennungsmotoren und das Forcieren der E-Mobilität in China beschleunigt. In Deutschland ist jeder siebte Arbeitsplatz direkt oder indirekt vom Auto abhängig. Nun wurde man sich vollends bewusst, was auf dem Spiel steht. Das Elektroauto braucht keine Ventile, Kolben, Luftfilter, Einspritzanlagen, Getriebe, Ölfilter, Anlasser …

Tesla ist derweil der Schritt in die Massenproduktion gelungen. Ende 2020 war das Unternehmen an der Börse mehr wert als VW, Daimler, BMW, GM, Ford, Renault, Peugeot, Fiat, Hyundai, Honda und Nissan zusammen. In der Rangliste der in der Schweiz 2019 verkauften Fahrzeuge belegte Tesla den vierten Rang. In Berlin baut Tesla mit atemberaubender Geschwindigkeit eine Gigafactory für die Produktion des Modells Y und von Batterien.

Die Spekulationen über die Zukunft der Industrie werden von einem von Apple sorgfältig bewirtschafteten Geheimnis befeuert.

Indiskretionen über das selbstfahrende iCar werden in wohlabgestimmten Häppchen serviert. Da ist die Rede von Kooperationen mit etablierten Autoherstellern und von Batterien im einzigartigen Monocell-Design. Die Medien spielen mit. An einem Tag heißt die Schlagzeile «Wieso scheitert Apple beim Autobau immer wieder?», am nächsten «So könnte Apple ein iCar bauen» und am dritten «Der iPhone-Moment». Man weiß nicht, was Apple treibt. Ist es Spaß an der Verwirrung, die man stiftet, oder heimliche Vorfreude auf eine bevorstehende Überraschung?

Immerhin: «Die Schlacht um den Antrieb der Zukunft ist entschieden, wir fahren künftig alle elektrisch.» Da ist sich Volkswagen sicher.[6] Dabei sind längst nicht alle Probleme gelöst. Zum Beispiel die Batterie. E-Autos werden von Lithium-Ionen-Batterien angetrieben, eine mittlerweile recht bejahrte Technik. Die Rohstoffversorgung für die Produktion dieser Batterien ist aus verschiedenen Gründen problematisch und belastet den ökologischen Fußabdruck von E-Autos. Seit sich das E-Auto als Zukunftslösung abzeichnet, ist von der «Superbatterie» die Rede. Unzählige Male wurde der Durchbruch angekündigt: halb so schwer, doppelte Reichweite, feuerfest, längere Haltbarkeit, kürzere Betankungszeit und erst noch billiger. 2016 hat Bosch den Technologiesprung versprochen: 2020 bringe man einen Festkörperakku auf den Markt. Bis heute ist der Sprung nicht erfolgt.

Mittlerweile hat sich auch in der klassischen Automobilindustrie die Ansicht durchgesetzt, dass die Beherrschung der Batterietechnologie eine Schüsselkompetenz für die automobile Zukunft ist. Allein schon weil die Batterie bis zu 50 Prozent zur Wertschöpfung eines Elektroautos beiträgt. Volkswagen hat sich deshalb bei QuantumScape, einem Start-up aus dem Silicon Valley, beteiligt. Obwohl noch ohne Umsatz, wird es bereits mit 3,3 Milliarden Dollar bewertet. Ab 2025 soll die Festkörperzelle in Großserie hergestellt werden.[7] Tesla hingegen setzt auf Silizium als Anodenstoff. Damit sollen die Herstellungskosten der selbst produzierten Batterien um 56 Prozent reduziert und die Reichweite eines Fahrzeugs um 54 Prozent erhöht werden.[8] Der aus Sicht der Klimaziele meistversprechende Ansatz besteht im Batterie-Recycling. Wenn das im großindustriellen Stil gelänge, könnten praktisch alle Rohstoffe für die Batteriefertigung aus Altbatterien gewonnen werden. Das würde nicht nur den ökologischen Fußabdruck eines E-Autos, sondern auch die Kosten für Batterien senken.

Wenn die Elektrifizierung des Verkehrs der Königsweg ist, dann stellt sich die Frage nach der Kompatibilität mit den Energiestrategien einzelner Länder. Diese basiert in der Schweiz, Deutschland und Österreich auf dem Verzicht auf fossile Brennstoffe und Atomenergie. Die wegfallenden Energieträger sollen durch erneuerbare Energien ersetzt werden. Ob die Gleichung aufgeht, ist offen. Namhafte Stimmen plädieren für eine längstmögliche Nutzung bestehender Kernkraftwerke[9] (Frankreich hat ihre Laufzeit Anfang 2021 von 40 auf 50 Jahre erhöht), andere hoffen auf eine neue Generation von Kernkraftwerken.[10] Bill Gates, der 2 Milliarden Dollar für den Kampf gegen den Klimawandel investiert, hält die Atomkraft für unerlässlich. Die Umpolung allein genügt nicht. Auch das System der Übertragungsleitungen muss angepasst werden. Die Vollelektrifizierung des Verkehrs bringt zusätzliche Belastungen. Würden heute alle Stadtbusse in München elektrifiziert und über Nacht aufgeladen, so gingen in der Stadt die Lichter aus. Das gilt auch im großen Maßstab: «Wenn Millionen Batterieautos auf den Straßen fahren, droht der Zusammenbruch.»[11] Gefragt sind Systeme, die den Spitzenbedarf glätten. Mit intelligenter Netzsteuerung sollen Angebot und Bedarf ausgeglichen werden. Dabei könnten batteriebetriebene Autos als Speichermedium eine Rolle spielen. Entsprechende Initiativen laufen unter dem Label Vehicle-to-Grid (vom Fahrzeug zum Netz).

Die Frage nach dem Antrieb der Zukunft scheint für den PKW entschieden, nicht aber für andere mit fossiler Energie betriebene Verkehrsmittel. Es macht kaum Sinn, einen LKW mit schwerer Last mit einer überschweren Batterie anzutreiben. Obwohl es Elon Musk anders sieht. 2017 hat er den Tesla Semi präsentiert, den schönsten Truck ever. Die dreiachsige Zugmaschine wird von vier Elektromotoren auf den hinteren Achsen angetrieben. Daten zum Nutzgewicht gab es bis heute keine, was hellhörig macht. Aufgrund der großen Masse der Batterien dürfte es limitiert sein. Die auf 2020 angekündigte Lancierung wurde auf 2021 verschoben.

Insbesondere die Luftfahrt, aber auch die Schifffahrt brauchen auf dem Weg zur Klimaneutralität eine Alternative zum massigen Energiespeicher. Im Poker ist es gut, mehrere Asse in der Hand zu haben. Das ist ein starkes Argument, um in dieser Lage nicht auf eine einzige Technologie zu setzen. Die nächstliegende Alternative zum Batterieantrieb ist Wasserstoff, auch für die deutsche Forschungsministerin, die sich für Wasserstoff aus Afrika stark macht. Dieser könnte dort mit Sonnenergie und Wind klimafreundlich erstellt und relativ günstig in Form von Ammoniak nach Europa transportiert werden. Ein solches Projekt steht in Saudi-Arabien in fortgeschrittener Planung. BMW hat auf der Internationalen Automobil-Ausstellung IAA 2019 den Wasserstoff-X5 vorgestellt, ein Brennstoffzellenauto, das 2022 auf den Markt kommen soll. Andere Ansätze sehen eher den Wasserstoff-Verbrennungsmotor im Vorteil. Gegenüber der Batterie wäre die Reichweite erheblich größer, die Betankung schneller, anderseits bleiben Fragezeichen bezüglich Wirkungsgrad, Kosten und Betankungsanlagen. Der Trend, soviel scheint klar, läuft beim schweren LKW, Langstreckenbus und Flugzeug Richtung Brennstoffzelle. In der Schifffahrt scheint aus Wasserstoff gewonnener Ammoniak der meistversprechende CO_2-neutrale Treibstoff zu sein.

Für den «Autopapst» Ferdinand Dudenhöfer ist nur eines sicher: Der Verbrennungsmotor hat keine Zukunft.[12] Andere denken, dass der sich noch lange hält. Mazda arbeitet unbeirrt an seiner Optimierung.[13] Ein findiger Ingenieur glaubt, den Schüssel für die Zukunft gefunden zu haben: Er baut ein Model 3 von Tesla in ein Hybridfahrzeug mit Benzinmotor um.[15] Fritz Indra, einer der angesehensten Motorenentwickler Europas ist ebenso dezidiert wie der Autopapst, nur andersrum. Für ihn sind Elektroautos «Betrug an der Umwelt». Sein Argumentarium ist umfangreich: Für die Batterien würden seltene Rohstoffe benötigt; es sei ein Irrglaube, dass man immer sauberen Strom laden könne; bis an ihr Lebensende verliere die Batterie 30 Prozent ihrer Kapazität, weshalb das Auto kaum noch einen Wert habe; das Recycling der Batterien sei schwierig. Indra ist überzeugt, dass die Menschen nicht etwas kaufen, das teurer und schlechter ist. Für ihn liegt die Zukunft im Verbrennungsmotor, der mit synthetischen Kraftstoffen klimaneutral betrieben werden könne.[15] Die logische Anschlussfrage, woher denn all diese synthetischen Treibstoffe kommen, wurde nicht gestellt. Insgesamt gibt es hinsichtlich der künftigen Antriebstechnologie wohl einige klare Trends, über alle Verkehrsmittel hinweg ist die Lage aber immer noch unübersichtlich.

Sebastian Thrun hatte in seiner Jugend einen Freund durch einen Autounfall verloren. Das mag ein Grund sein, weshalb sich der Informatiker und Stanford-Professor mit der Entwicklung eines Autos befasste, das den Human-Error-Faktor ausschließen sollte. 2005 gewann er mit Stanley, einem selbstfahrenden modifizierten VW Touareg, die DARPA Grand Challenge für automatisierte Autos. Später baute er bei Google die Forschungsabteilung Google X auf, in der das Street-View-Auto entwickelt wurde. 2012 erhielt Google die erste Zulassung für ein autonomes Auto in den USA. Das an ein Goggomobil der 1950er-Jahre erinnernde Fahrzeug weckte euphorische Erwartungen. Die Ankündigungen wurden immer kühner. Elon Musk versprach 2017 eine Coast-to-Coast-Fahrt mit einem seiner selbstfahrenden Fahrzeuge. Nissan will 2020 autonom durch die Stadt fahren. Auf Schweizer Straßen wurden Versuche mit autonom fahrenden Bussen gestartet. 2017 sprach man von einer neuen Ära der Mobilität. Klassische Automobilbauer reagierten trotzig: «Ein Porsche wird immer ein Lenkrad und Pedale haben.»[16]

Wenig später begann die Phase der Ernüchterung. Versuche

mit autonomen Bussen in der Schweiz wurden abgebrochen. Die Coast-to-Coast-Fahrt fand nicht statt. Vom automatisierten Nissan ist nichts mehr zu hören. Die *Neue Zürcher Zeitung* befragte 27 Unternehmen, wann sie die Marktreife autonomer Autos erwarten. Etwas mehr als die Hälft nahm keine Stellung dazu. Die große Mehrheit der Antwortenden hielt die Marktreife «in absehbarer Zeit für unrealistisch».[17] Der Weg zum autonomen Fahrzeug führt über fünf Levels: 1: assistiertes Fahren, 2: teilautomatisiertes Fahren, 3: hochautomatisiertes Fahren, 4: vollautomatisiertes Fahren, 5: autonomes Fahren. Mittlerweile ist mancherorts der Genehmigungsprozess für Level 3 im Gang. Die Einführung von Level 5 liegt «noch in weiter Ferne».[18] In den letzten Tagen der Trump-Regierung hat die amerikanische Straßenverkehrsbehörde bekanntgegeben, dass Fahrzeuge mit Level 5 gewisse Sicherheitsstandards umgehen dürfen, was die Herstellung von Autos ohne Lenkrad und Pedale ermöglichen soll. Damit könnten pro Fahrzeug 1000 Dollar eingespart werden – was die Spekulationen um die Ambitionen von Apple zusätzlich befeuert.[19] Trotzdem: «Der Traum vom Fahren ohne Lenkrad und Pedale, ganz egal wo, wird aber noch jahrzehntelang unerfüllt bleiben.»[20]

Wenn wir auf die drei Bedingungen für erfolgreiche Innovation zurückkommen, befinden wir uns beim autonomen Auto immer noch auf der Stufe der ersten Bedingung, der technischen Machbarkeit. Über die zweite Bedingung, das Bedürfnis, wird gerätselt, über die dritte, die Wirtschaftlichkeit, geschwiegen. Obwohl klar ist, dass das autonome Fahrzeug einen stolzen Preis haben wird, nicht zuletzt, weil das Car-to-X genannte vernetzte Kommunikationssystem auch hohe Infrastrukturkosten verursachen würde.

Sebastian Thrun übrigens hat sich vom selbstfahrenden Auto verabschiedet. Heute widmet er sich der dritten Dimension. Mit Flugtaxis, die man sich als übergroße Drohnen vorstellen kann, sollen die städtischen Verkehrsprobleme gelöst werden. Das dauere zwar noch fünf Jahre, dann aber werde es einen Lawineneffekt geben. Die Flugtaxis seien energieeffizient, leise und schneller als jedes andere Verkehrsmittel. Ihr Durchsatz ist allerdings so gering, dass wir sie aus der Liste der Problemlöser getrost streichen können.[21]

Geschäftsmodelle und Strategien

«Das Auto der Zukunft wird autonom, voll ausgelastet und elektrisch sein.»[22] Kurz nach dieser 2016 publizierten Meldung veröffentlichte PwC eine Studie, in der verkündet wurde, dass sich das Volumen der Sharing Economy von 28 Milliarden Dollar im Jahr 2015 auf 570 Milliarden Dollar bis zum Jahr 2025 erhöhen werde.[23] Diese Aussagen sind typisch für den Höhepunkt der digitalen Euphorie Mitte der 2010er-Jahre, in der man das selbstfahrende Auto schon um die Ecke stehen sah und die Invasion der Pflegeroboter in die Spitäler und Heime nur noch eine Frage der Zeit schien.

Das Paradebeispiel der Sharing Economy ist Airbnb. Das Geschäftsmodell der Firma erfüllt exakt die Vorgaben des profitmaximierenden digitalen Unternehmens: als Vermittler handeln, möglichst wenige Leute anstellen, alles automatisieren. Vom ursprünglichen Ansatz des Teilens ist allerdings nicht viel übriggeblieben. Airbnb ist heute eine Plattform zum Erzielen hoher Renditen auf dem Immobilienmarkt, die in den Städten die ohnehin schon horrend hohen Immobilienpreise noch weiter in die Höhe treibt und entsprechend in der Kritik steht. 2010 ist WeWork mit großen Plänen in die Sharing Economy für Büroraum eingestiegen. Ein für 2019 großspurig angekündigter Börsengang wurde verschoben. Der Immobilien-Tycoon Sam Zell urteilt erbarmungslos: «Die Corona-Krise bedeutet das Ende für den We-Bullshit.»[24]

Daimler und BMW haben ihren Ausflug ins Carsharing wieder beendet.[25] Eines der erfolgreichsten Carsharing-Unternehmen ist immer noch die bereits 1997 gegründete schweizerische Genossenschaft Mobility, die ihren 180 000 Kundinnen und Kunden 3000 Fahrzeuge an 1500 Standorten anbietet, was allerdings auch nur der berühmte Tropfen auf dem heißen Stein ist. Die größten Carsharing-Flotten operieren in Tokio und Moskau. In Moskau stehen 16 000 geteilte Fahrzeuge von zehn Anbietern im Einsatz. Der intensive Wettbewerb hat die Preise in den Keller gedrückt. Das Carsharing wird von der Stadtregierung unterstützt: Privates Parkieren ist teuer, die geteilten Fahrzeuge verfügen über günstigen Warteraum. Insgesamt ist die Auswirkung des Carsharings dennoch bescheiden. Es sei, meint der Korrespondent der *Neuen Zürcher Zeitung*, ein kostengünstiges Brückenangebot, wenn der öffentliche Verkehr Lücken habe. Und: Geld verdienen lasse sich mit Carsharing «bis jetzt wohl nicht».[26]

Seit über 100 Jahren beruht das Geschäftsmodell der Automobilproduzenten auf dem Verkauf von Autos und der Eigentumsübertragung, primär an Privatkundinnen und -kunden. Fraglich ist, auf welchem Geschäftsmodell das selbstfahrende Auto basieren soll. Automobilpapst Dudenhöfer hat eine klare Meinung: «Die Leute wollen ihr eigenes Auto haben – Punkt.»[27] Ebenso apodiktisch ist der *Der Spiegel*: »Das private Auto verliert dramatisch an Bedeutung.»[28] Statistisch belegt ist, dass in den Städten der Anteil der Haushalte ohne Auto signifikant angestiegen ist und dass Eigentum bei den Millenials eine geringere Rolle spielt als bei ihren Eltern. Gehört die Zukunft dem Besitz oder dem Sharing? Die Antwort ist offen.

Die Zukunft des Autos ist nicht in Stein gemeißelt. Elektrisch mit hoher Wahrscheinlichkeit, aber so ganz klar ist auch das nicht. Völlig autonom ist wahrscheinlich, braucht aber noch viel Zeit. Reines Wunschdenken ist «voll ausgelastet». Die Schlagzeilen der euphorischen Jahre – Parks statt Parkplätze – sind verschwunden. Nun heißt es «Es werden mehr Autos als heute unterwegs sein» und «Chaos wegen selbstfahrender Autos».[29] Verkehrsforscher der ETH Zürich warnen vor dem privaten Besitz selbstfahrender Autos. Damit könnte zwar die Zahl tödlicher Verkehrsunfälle (weltweit 1,35 Millionen pro Jahr) auf ein Minimum reduziert werden.

Die Anzahl der Autokilometer in den Städten würde massiv erhöht, die Auslastung der Autos aber kaum verbessert, weil viele Leerkilometer anfallen würden. Das ließe sich verhindern, wenn nur Carsharing-Firmen über völlig autonome Autos verfügten. Im Rahmen einer freiheitlichen Verfassung kann man sich das kaum vorstellen.

Ein neues Geschäftsmodell kommt aus der Küche von Tesla. Wer dereinst einen selbstfahrenden Tesla ersteht, könnte das Fahrzeug nicht nur für den Eigengebrauch, sondern via App auch als Robot-Taxi verwenden. Der Kauf eines Autos wäre dann nicht mehr eine bloße Konsumausgabe, sondern auch eine Investition. Der Kapitalwert eines in dieser Weise eingesetzten Autos wird auf 200 000 Dollar geschätzt.[30]

Unbestritten ist, dass das Auto zum Computer mit Rädern mutiert. Damit werden Autos zu «rollenden Datensammelplattformen ... Aus Maschinenbauern und Blechbiegern müssen Programmierer und IT-Dienstleister werden.»[31] Daten, so der Gemeinplatz, sind das Gold des digitalen Zeitalters. Software wird zum zentralen Treiber der Wertschöpfung. Schätzungen gehen dahin, dass in Zukunft 20 bis 30 Prozent der Umsätze und 30 bis 40 Prozent der Gewinne mit Software und digitalen Dienstleistungen, namentlich Software-Updates, erwirtschaftet werden. Diskutiert wird, ob es den klassischen Autoherstellern gelingt, diese Neuausrichtung ihres Kerngeschäfts zu meistern.[32] Die Hinwendung einer ganzen Industrie zum softwaregetriebenen Geschäftsmodell hat mittlerweile dazu geführt, dass die wichtigsten Bauteile, die Chips, knapp geworden sind.

Die Lage ist auch in Sachen Geschäftsmodelle unübersichtlich. Vollautomatisierte Autos könnten den Durchsatz zwar etwas erhöhen, weil sie präziser fahren. Die entscheidende Frage aber ist, ob damit die Auslastung erhöht wird. Das hängt davon ab, ob und in welchem Maß sich Sharing-Modelle durchsetzen. Und das steht in den Sternen.

Neben dem Sharing geht es in der Diskussion um alternative

Strategien und Geschäftsmodelle noch um einen zweiten Begriff: die Transportkette. 2014 – Zeit der Euphorie – verkündete die Daimler-Tochter Moovel mit grenzenlosem Selbstbewusstsein: «Wir wollen das Amazon der Mobilität werden.»[33] Nicht mehr bloß Autobauer wolle man sein, sondern ein Mobilitätsdienstleister. Der Anspruch sei, das Bedürfnis nach der optimalen Transportkette überall und jederzeit zu befriedigen. Zur gleichen Zeit verkündeten Bahnunternehmen dieselbe Ambition. Im Geschäftsbericht der DB war über die Schaffung einer Plattform zu lesen, die Antworten über den sichersten, verlässlichsten, komfortabelsten und klimaschonendsten Weg von A nach B geben soll. Die Schweizerischen Bundesbahnen wollten den Kundinnen und Kunden kombinierte Verkehrslösungen von Tür zu Tür anbieten. Bahnhöfe sollen zu «Mobilitäts-Hubs» weiterentwickelt werden. Auch die SBB wollten nicht mehr nur eine Bahn betreiben, sondern Mobilitätsdienstleisterin sein, bemühte ebenfalls die Chiffre vom «Amazon der Mobilität» und wollten mit der weltbesten, intermodalen, interpersonalen Mobilitäts-App das Silicon Valley herausfordern.[34] Zur gleichen Zeit, im Sommer 2019, verkündete Moovel eine Namensänderung, was nicht nach Erfolgsmeldung tönt. Ihre App heiße nun REACH NOW. Amazon der Mobilität?

Ist es Zufall, dass DB und SBB zur gleichen Zeit, in der sie eine neue strategische Ausrichtung beschlossen haben, mit gravierenden operationellen Problemen kämpfen? Dass sich die Frage nach dem Kern des Geschäfts zu allen Zeiten gestellt hat, zeigt das gängige Sprichwort «Schuster, bleib bei deinen Leisten.» Wir haben gesehen, wie gut das Modell der Selbststeuerung funktioniert. So gut, dass der seit 30 Jahren heraufbeschworene Verkehrsinfarkt ausgeblieben ist. Es gibt heute auf jedem Smartphone so viele Tools, die Reisenden das Leben erleichtern, dass sich Bahnen und Autohersteller getrost auf ihr Kerngeschäft konzentrieren können.

Die zentrale Aufgabe der Bahn ist die Einhaltung des Produktionsplans. Gelingt ihr das, ist sie pünktlich und fährt mit minimalen Kosten. Die Bedürfnisse der Kundinnen und Kunden sind überblickbar. Sie wollen einen anständigen Sitzplatz und pünktlich ankommen. Eine große europäische Bahn hat Kreativteams eingesetzt, um «Erlebniswelten für Züge» zu entwickeln. Die Vorschläge reichen von Räumen für Yoga über Radfahren auf der Rolle bis hin zu einem Wagen für Public Viewing (zu besichtigen in einem 1:1-Modell).[35] Wer für solche Späße Geld ausgibt, kennt weder die Bedürfnisse der Kundinnen und Kunden noch den Imperativ des Durchsatzes. Das Problem der Bahnen ist nicht die Transportkette, sondern der ewige Kampf gegen die selbstgemachten und externen Störungen auf dem Netz. Dabei hilft der Fokus auf das Kerngeschäft.

Dichter als im Bahnsektor lastet der Nebel der Ungewissheit über der Autoindustrie. Viele Fragen sind noch offen: Antriebstechnologie der Zukunft; Positionierung als Mobilitätsdienstleister oder wie bis anhin Fokussierung auf Autobau und -verkauf; Tragfähigkeit traditioneller Geschäftsmodelle; Perspektiven alternativer Geschäftsmodelle.

Visionen

Als Jules Verne 1865 sein Buch *Von der Erde zum Mond. Direktflug in 97 Stunden 20 Minuten* publizierte, war das Science-Fiction. Davon hält Elon Musk wenig. Science-Fiction ist ihm höchstens Antrieb, das scheinbar Unmögliche anzugehen. Er war kaum 30 Jahre alt, als er verkündete, er wolle die Voraussetzungen schaffen, damit der Weltraum vom Menschen kolonialisiert werden könne. 2002 gründete er zu diesem Zweck die Firma Space X. Doch diese Herausforderung allein war ihm zu wenig. Wenig später stieg er ins Geschäft mit Elektroautos ein, weil er den Eindruck hatte, General Motors wolle das Elektroauto verhindern. Ärger ist offenbar ein wichtiger Motivator für Elon Musk. Über die Kostenexplosion beim Projekt «California High Speed Train» ärgerte er sich derart, dass er nach einer Alternative suchte. So entstand das Projekt «Hyperloop».

Was sich seither ereignet hat, sprengt alle Vorstellungskraft. Allein die Herausforderungen bei Tesla würden jede «normale» Managementkapazität an den Rand bringen. Jemand, der gleichzeitig noch auf den Mars will und daneben ein revolutionäres neues Landverkehrssystem entwickelt, der muss nach landläufiger Beurteilung an krankhafter Selbstüberschätzung leiden. Am 30. Mai 2020 musste man seine Meinung revidieren. Eine Falcon-9-Rakete von Space X hat eine Kapsel vom Typ «Crew Dragon» erfolgreich an der ISS angedockt.

2013 stellte Elon Musk die Idee des Hyperloop in einem White Paper vor. Die vorgesehene Infrastruktur besteht aus Betonstützen mit zwei Röhren aus Stahl. Dank Teilvakuum und Magnetschwebetechnik können Aluminiumkapseln, die Platz für 28 Personen bieten, mit größter Geschwindigkeit durch die Röhren gejagt werden. Asynchrone Langstator-Linearmotoren erzeugen maximale Beschleunigung und Bremswirkung. Dabei sollen Geschwindigkeiten bis über die unter Normaldruck bestehende Schallgeschwindigkeit erreicht werden, also über 1000 km/h. Die Energie soll durch auf die Röhren montierte Solarpanelen erzeugt werden.

Damit würde ein völlig neues Landverkehrssystem entstehen. Musk betont, dass sämtliche Elemente des Hyperloop auf erprobter Technik beruhen. Weil man das aufgeständerte System entlang von Autobahntrassen bauen könnte, seien die Landerwerbskosten im Vergleich zum Hochgeschwindigkeitszug wesentlich niedriger. Musk veranschlagte die Kosten für ein Hyperloop-System zwischen Los Angeles und San Francisco auf 6 bis 7,5 Milliarden Dollar. Das sich im Bau befindliche klassische Hochgeschwindigkeitssystem wird gemäß den neuesten Schätzungen auf über 84 Milliarden Dollar veranschlagt. Der Hyperloop wäre im Vergleich nicht nur wesentlich billiger, sondern auch viel schneller. Für die 570 Kilometer lange Strecke soll er nur 35 Minuten benötigen. Allerdings würde der Hyperloop nicht die Innenstädte miteinander verbinden, sondern die Vororte. Viele Fachleute halten die Kostenprognosen für zu optimistisch.

Völlig neu für ein Projekt dieser Größenordnung ist das offene, partizipative Entwicklungskonzept. 2015 veranstaltete Musk zum ersten Mal die SpaceX Hyperloop Pod Competition. Dafür ließ er eine 1,6 Kilometer lange Teststrecke bauen. Die höchste Geschwindigkeit erreichte vier Mal nacheinander ein Team der technischen Universität München, 2018 mit der Rekordgeschwindigkeit von 463 km/h.

Seit 2017 läuft das Projekt unter dem Namen «Virgin Hyperloop» One. Präsident des Boards ist Richard Branson, wie Musk ebenfalls Milliardär und eine schillernde Persönlichkeit, stets auf dem Weg, das Unmögliche zu versuchen. Insgesamt habe Virgin Hyperloop One 295 Millionen Dollar eingesammelt, mit starker Beteiligung von Investoren aus dem arabischen Raum. Geplant ist eine Hyperloop-Verbindung von Dubai nach Abu Dhabi.[36] Auf einer großartig gestalteten Website präsentiert Virgin Hyperloop One die Reisezeiten verschiedener Verkehrsmittel zwischen den beiden Städten.[37] Für die rund 150 Kilometer lange Strecke benötigt man mit dem Flugzeug 3 Stunden 8 Minuten, mit dem Bus 1 Stunde 9 Minuten, mit dem Auto 1 Stunde 8 Minuten, mit der Bahn 1 Stunde und mit dem Hyperloop 12 Minuten. Damit könnten, ist zu lesen, für jede Million Hyperloop-Passagiere 90 Jahre an Reisezeit gewonnen werden. Vergeblich sucht man nach Angaben über den Projektstand. Ende November 2020 verschwand auf der Website von Virgin Hyperloop jeglicher Hinweis auf Dubai. Die gähnende Inhaltsleere der Plattform wird nur von einer Meldung durchbrochen: Am 8. November 2020 fand auf der 500 Meter langen Teststrecke in Nevada eine erste Passagierfahrt mit einem Transportgefäß mit zwei Sitzen statt.

Etwas mehr über das Projekt in Dubai erfährt man in der *Khaleej Times*, der größten englischsprachigen Tageszeitung im Bereich des Persischen Golfs. In der Ausgabe vom 17. Januar 2019 werden die Kosten der neuen Verbindung auf 20 bis 40 Millionen Dollar pro Kilometer veranschlagt. Bis 2020 soll eine 10 Kilometer lange Teilstrecke realisiert werden. Staatliche Subventionen würden nicht benötigt. Der Businessplan verspreche rasche Profite. Über den Realisierungshorizont wird keine Aussage gemacht. Mehr ist auch mit einer Internetrecherche nicht zu erfahren. Es fällt auf, dass die aktuellsten Beiträge aus dem Jahr 2019 stammen.

Ende 2018 gaben die Zürcher Forschungsorganisation Eurotube und die SBB bekannt, im Wallis eine Hyperloop-Teststrecke zu bauen. Auf der Website der SBB findet sich ein schönes Bild mit der Hyperloop-Röhre neben einem Bahngleis. Der letzte Eintrag stammt vom Juni 2019 mit der Ankündigung, dass mit dem Bau frühestens in der zweiten Hälfte 2019 begonnen wird. Seither Funkstille. Im Februar 2019 wurde vermeldet, die französische Hyperloop-Teststrecke sei fast fertig. Seither Funkstille.

Ohne Zweifel: Der Hyperloop würde nicht nur das Verkehrssystem, sondern auch die O-D-Matrix revolutionieren. Wie sehr die Promotoren des Hyperloop nach den Sternen greifen, kommt in einem in der *Neuen Zürcher Zeitung* publizierten Linienschema zum Ausdruck. Was auf den ersten Blick wie eine Darstellung der Metro- und RER-Linien in der Ile-de-France aussieht, ist eine Weltkarte. Demnach wäre es dereinst möglich, mit der Kapsel von Tokio nach Vancouver zu reisen.[38] Noch fallen diese Pläne unter die Rubrik Science-Fiction. Ein Argument immerhin spricht für die Vision: die offensichtliche Schwierigkeit, den Flugverkehr auf Langstrecken klimaneutral zu betreiben.

Eine Revolution der anderen Art ist auch in der Schweiz geplant. Nach dem Motto «Menschen überirdisch – Güter unterirdisch» sollen Güter zwischen den großen Logistikzentren in einem unterirdischen Tunnelsystem befördert werden. Das Projekt «Cargo sous terrain» soll vollumfänglich privat finanziert und betrieben werden. In einem ersten Schritt ist eine 67 Kilometer lange Verbindung mit zehn Hubs zwischen den Logistikzentren im Mittelland und Zürich vorgesehen, wofür Investitionskosten von 3,5 Milliarden Franken veranschlagt werden. Mittelfristig ist ein Netz von Genf bis St. Gallen und von Basel bis nach Luzern bzw. Thun geplant. Das Total der geplanten Investitionen wird auf 33 Milliarden Franken geschätzt, «ohne einen Rappen Steuergeld finanziert».[39] 2026 soll mit dem Bau der ersten Etappe begonnen werden. Der schweizerische Bundesrat hat sich Anfang 2020 bereit erklärt, dem Parlament ein Rahmengesetz für den Bau und Betrieb eines unterirdischen Gütertransportsystems zu unterbreiten.

Das erste Kriterium für eine erfolgreiche Innovation ist die technische Machbarkeit. Folgt man den Verlautbarungen der Protagonisten beider Röhren-Projekte, ist diese gegeben, weil ausschließlich bereits bekannte Technikelemente einsetzt werden. Sicher ist die Herausforderung beim Hyperloop größer, weil man sich bezüglich Technik und Geschwindigkeit in unbekanntere Sphären begibt. Aber wer mit solchem Erfolg in die Raumfahrt eingestiegen ist, müsste selbst diese Herausforderungen meistern.

Das zweite Kriterium betrifft die durch die neuen Angebote ausgelöste Nachfrage. Eine Beurteilung hängt von der konkreten Ausgestaltung des Angebots und von den dafür verlangten Preisen ab. Sowohl beim Hyperloop als auch bei «Cargo sous terrain» gilt es das Problem der ersten und letzten Meile zu beachten, wobei «Meile» hier nicht für die effektive Distanz der Sammel- und Verteiltransporte steht. Es ist kaum denkbar, dass eine Hyperloop-Verbindung in die Zentren der Städte realisierbar ist (außer in Dubai und Abu Dhabi vielleicht). Das völlig neue System ist mit keinem der bestehenden schienengebundenen Systeme kompatibel. Die enorme Streckengeschwindigkeit wirkt sich daher nur bei großen Distanzen aus. Dieses Problem stellt sich bei «Cargo sous terrain» noch akzentuierter. Ein Lastwagen fährt direkt von O nach D. Bei «Cargo sous terrain» kommen zur Fahrt in der unterirdischen Röhre noch zwei LKW-Transporte im Sammel- und Zubringerverkehr sowie zwei Umschlagsoperationen hinzu. Der Referenzpreis ergibt sich aufgrund der bescheidenen Kosten der Lastwagenfahrt von O nach D. Als Einnahme verbliebe für den Betreiber von Cargo sous terrain die Restgröße nach Abzug der Kosten für die An- und Wegfahrt sowie die beiden Umschlagsoperationen. Außerdem ist ein Budget für eine Investition in ein völlig neues System mit großen Unsicherheiten behaftet. Erfahrungen aus der jüngsten Zeit zeigen, wie die Kosten für Großinvestitionen (zum Beispiel für den neuen Flughafen Berlin) durch die Decke geschossen sind. Aufgrund dieser Rahmenbedingungen ist nicht zu erwarten, dass Cargo sous terrain die für den eigenwirtschaftlichen Betrieb erforderliche Nachfrage auslösen wird. Schon deshalb nicht, weil potenzielle Benutzer jederzeit auf andere, billigere Angebote ausweichen können.

Das dritte Kriterium betrifft die Wirtschaftlichkeit. Ein Hyperloop von Dubai nach Abu Dhabi durch weitgehend unbewohntes Wüstenland, das könnte funktionieren. Es wurde darauf hingewiesen, dass bereits der Ausbau bestehender Netze enorm kapital- und zeitintensiv ist. Eine ganz andere Dimension ist der Aufbau eines neuen Netzes, insbesondere wenn keine Kompatibilität mit bestehenden Netzen vorhanden ist. Das wird einfach sehr teuer. Die entscheidenden Parameter für die Wirtschaftlichkeitsrechnung sind die Investitionen, die operativen Kosten und die Erträge. Dass diese Rechnung für das Projekt Cargo sous terain nicht aufgehen kann, ist offensichtlich. Es fällt auf, dass in der ganzen PR-Flut über beide Projekte von Businessplänen nie die Rede ist. Auch wenn geschworen wird, dass kein Steuerfranken eingesetzt wird, muss sich der Staat, der ein solches Projekt bewilligt, im Klaren sein, dass er im Fall von wirtschaftlichen Schwierigkeiten in die Rolle des «lender oft the last resort» (Kreditgeber in letzter Instanz) gedrängt wird, der er kaum ausweichen kann.

Auch hier geht es um die entscheidende Frage nach dem Verhältnis zwischen Grenzkosten und Grenznutzen. Da sind in diesen Fällen größte Vorbehalte angebracht. Die Wahrscheinlichkeit, dass sich in entwickelten Volkswirtschaften völlig neue Transportsysteme durchsetzen werden, ist daher gering.

Ist eine 70 Jahre alte Vision immer noch eine Vision? In den

1950er-Jahren glaubte man, mit der friedlichen Nutzung der Atomenergie eine unerschöpfliche Energiequelle gefunden zu haben. In nicht allzu ferner Zukunft, war man überzeugt, könne man ein Auto mit einem Teelöffel Atomenergie jahrelang fahren. Für Flugzeuge seien Atomtriebwerke ideal.[40] Kleinreaktoren würden bloß 1 Million Dollar kosten.[41] Diese Hoffnungen basierten auf dem Fusionsreaktor, der Energie nach der Art der Sonne durch Verschmelzung von Heliumkernen erzeugen sollte. In 20 Jahren würde es so weit sein. «Als diese herum waren, wurden es wieder zwanzig Jahre und so ähnlich ging es weiter bis heute.»[42] Es wird immer noch intensiv geforscht, in Südfrankreich arbeitet eine internationale Forschungsgemeinschaft seit 2007 mit dem Versuchsreaktor ITER. Vor 2050 rechnet man nicht mit marktreifen Fusionsreaktoren. Der Kampf um die Klimaneutralität hat den Hoffnungen wieder Auftrieb verliehen.

Digitalisierung

Was jahrzehntelang unter dem Namen EDV firmierte, heißt heute Digitalisierung. Neu ist, dass innert kurzer Zeit eine Vielzahl von Applikationen in den verschiedensten Bereichen eine potenzielle Marktreife, jedenfalls eine hohe Aufmerksamkeit gewonnen haben: Big Data, Robotik, Internet der Dinge, Künstliche Intelligenz, E-Commerce, Sharing Economy, Smart Grid, selbstfahrende Autos, Körperscanning, Virtual Reality, Sensorik, Kryptowährungen, Blockchain, 3-D-Drucker, biometrische Gesichtserkennung, weltumspannende Satellitennetze, Wearables, Smart Speakers … Das Innovationspotenzial liegt vor allem in einer geschickten Kombination dieser Techniken. Zum Beispiel beim sich selbst steuernden Auto mit Big-Data-Analysen, lernfähigen Algorithmen, modernster Kameratechnik, Satellitenortung, modernster Sensorik. Die digitale Durchdringung wird immer intensiver, keine Branche wird sich diesem Trend entziehen können.

Das Smartphone hat den Umgang mit Mobilitätsbedürfnissen in kürzester Zeit radikal verändert und vereinfacht. Es ist heute Navigationsgerät, Reiseplaner, Automat für die Ausgabe von Fahrkarten und Auskunftsbüro. Es geht jedoch um weit mehr. Digitale Technologien haben das Potenzial, dank effizienterer Steuerung des Verkehrs auf Schiene und Straße den Durchsatz markant zu erhöhen. Es ist eine der zentralen Aufgaben einer Verkehrswende, die Kapazität *bestehender* Straßen- und Schienennetze zu erhöhen.

Eigentlich geht es um ein alltägliches Problem: Die Nachfrage ist größer als die verfügbare Kapazität. Nehmen wir als Beispiel ein Restaurant. Was macht die Leitung in diesem Fall? Sie entwickelt ein Reservationssystem und versucht, im gegebenen Rahmen die Anzahl Plätze zu vergrößern, zum Beispiel indem man das Trottoir vor dem Restaurant bestuhlt. Schließlich könnte es auch die Preise erhöhen. Was macht die Kundschaft: Sie reserviert die Sitzplätze oder stellt sich in die Warteschlange, verzichtet auf den Besuch oder verlegt ihn auf einen Zeitpunkt mit weniger Nachfrage.

In jungen Jahren war ich Offizier im Militäreisenbahndienst (eine längst verschwundene Institution). Eines unserer wichtigsten Instrumente war damals der sogenannte Kriegsfahrplan. Sein Zweck bestand darin, die Kapazität des Netzes zu maximieren. Er basierte auf der Erkenntnis, dass Geschwindigkeitsdifferenzen zwischen Zügen die Kapazität reduzieren. Deshalb war es ein starrer Fahrplan mit einer homogenen Geschwindigkeit sämtlicher Züge (wenn ich mich recht erinnere, 60 km/h).

Autos werden immer vernetzter und die Fahrassistenten immer potenter. Die Entwicklung des Autos zu einem Computer auf Rädern eröffnet der digitalen Steuerung des Verkehrs neue Möglichkeiten. Ein lernfähiger Algorithmus müsste in der Lage sein, jederzeit die optimale Geschwindigkeit für den maximalen Durchsatz einer Autobahn zu berechnen und diesen Wert den Fahrassistenten zu übermitteln. Im Verbund mit leistungsfähigen

Sensoren könnten die Fahrzeugabstände reduziert werden, was die Kapazität nochmals erhöht. Wenn der Verkehr trotzdem stockt, könnte als nächste Stufe für Spitzenzeiten eine Slot-Reservation verlangt werden.

Das Laboratorium dafür ist Singapur, wo 5,6 Millionen Menschen auf einer Fläche von nur 720 Quadratkilometern leben. Integrierte Transportplanung und Verkehrssteuerung durch Preisanreize wird dort seit Jahrzehnten praktiziert. Dank digitaler Techniken kann der Autoverkehr mit verhältnismäßig geringem Aufwand in Abhängigkeit vom Verkehrsaufkommen bepreist werden. Es war naheliegend, dass der letzte Weltkongress über Intelligence Transport Systems (ITS) in Singapur stattfand. Darunter versteht man Managementsysteme, die mit ausgeklügelten Datenanalysen und künstlicher Intelligenz den Verkehr proaktiv, zentral und automatisiert steuern. ITS, so der Anspruch, werden die urbane Mobilität radikal verändern.

Trotz dieser erfreulichen Entwicklungen zeichnen sich für zwei Probleme des Autoverkehrs noch keine Lösungen ab: der enorm hohe Anteil der Autofahrten im Kurzdistanzbereich und die immer schwächer werdende Auslastung eines Autos.

Auch die Binnenschifffahrt hat sich der digitalen Transformation verschrieben. In Deutschland will man alle Gewässerstraßen digital abbilden. Mithilfe dieser «digitalen Zwillinge» sollen Messungen automatisiert werden, um die Wasserstandsvorhersagen substanziell zu verbessern und das Unterhalts-, Betriebs- und Ausbaumanagement zu optimieren. Die Häfen an den Binnengewässern vernetzen sich untereinander und mit den Frachtführern und erhöhen damit den Durchsatz.

Der Schienenverkehr bietet wegen seiner Charakteristik als gesteuerter Verkehr die potenziell größten Möglichkeiten, dank digitaler Techniken die Kapazität der bestehenden Netze zu erhöhen. Die Automatisierung des Bahnverkehrs hat eine jahrzehntelange Tradition. Bereits in den 1940er-Jahren wurden die Bahnschranken durch elektromagnetische Steuerung des sich nähernden Zugs gesteuert, was zum Verschwinden des traditionellen Berufs der Schrankenwärter führte. Es liegt auf der Hand, dass sich ein spurgeführtes System mit den heutigen Möglichkeiten der Digitalisierung vollständig automatisieren lässt. Dabei steht nicht der führerlose Betrieb der Züge im Vordergrund, sondern die Steuerung des Systems.

Die Konzeption dieser Steuerungssysteme war seit den ersten Anfängen von den Eigenschaften des Rad-Schienen-Systems geprägt: der Beförderung großer Massen mit hoher Geschwindigkeit und langem Bremsweg. Oberste Priorität hatte die Verhinderung von Entgleisungen und Zugzusammenstößen. Der Kern der Zugssteuerung ist das Stellwerk. Dort werden die Fahrstraßen mit den entsprechenden Signalen und Weichen gestellt. Technologisch hat sich das Stellwerk vom mechanischen über das elektromechanische hin zum elektronischen Stellwerk entwickelt. Auch wurden die Stellwerke, die sich früher in jedem Bahnhof befanden, zunehmend zentralisiert. Mit den Betriebsleitzentralen schuf man übergeordnete Strukturen.

Im Kern der Sicherheitsphilosophie der Bahn steht noch heute die Unterteilung der Strecken in Blockabschnitte, in denen sich jeweils nur ein Zug befinden darf. Solange diese fix sind, verhindern sie eine maximale Streckennutzung. Bis heute hat dieses über Jahrhunderte entwickelte Sicherheitssystem eine Schwachstelle: Es erkennt keine Objekte auf oder neben dem Gleis. Immer wieder kommt es deshalb zu Kollisionen. Im April 2020 fuhr ein Personenzug der SBB im Lötschberg-Basistunnel in einen Schlammteppich auf dem Gleis, der durch einen Wassereinbruch ausgelöst worden war. Glücklicherweise kam niemand zu Schaden. Im Oktober 2020 kollidierte ein Zug der Rhätischen Bahn mit Felsblöcken auf dem Gleis, der Steuerwagen und zwei Wagen wurden aus der Schiene gehoben, die Lokomotivführerin verletzte sich. Beim schwersten Zugsunglück in Taiwan raste im April 2021 ein Zug in einen auf das Gleis gestürzten Kranwagen. 50 Menschen starben, über 200 wurden verletzt. Es ist schwer nachzuvollziehen, weshalb seit fast 200 Jahren Eisenbahn eine so offensichtliche Sicherheitslücke bestehen geblieben ist. Noch weniger, wenn man sich die heutigen Möglichkeiten der Digitalisierung vergegenwärtigt.

Es gibt immer noch Gleisbereiche ohne technische Überwachung. Der Human-Error-Faktor kann dort fatale Folgen haben kann. So starben in Aichach im Mai 2018 zwei Menschen, 13 wurden verletzt, weil auf der eingleisigen Strecke Ingolstadt–Augsburg ein Regionalzug auf einen stehenden Güterzug auffuhr.

Anfang der 1990er-Jahre lancierte die Direktion Transport der EU ein ehrgeiziges Projekt. Unter dem Titel ERMTS (European Rail Traffic Management System) wurde die Vereinheitlichung der über 20 verschiedenen Zugssteuerungssysteme in Europa angestrebt. Seit dieser Prozess ins Stocken geraten ist, konzentriert man sich darauf, mit ETCS (European Train Control System) eine einheitliche technische Grundlage zu schaffen. Das ursprüngliche Ziel wurde bis heute grandios verfehlt.

Gemäß Koalitionsvertrag für die 19. Legislaturperiode der deutschen Regierung soll die Digitalisierung auf der Basis von elektronischen Stellwerken und ETCS vorangetrieben werden. Mit dem Projekt «smartrail 4.0» wollen die SBB die Streckenkapazität und die Sicherheit erhöhen und die Kosten stabilisieren. Auch hier setzt man Stellwerktechnik und ETCS als gegeben voraus.

Das Stellwerk kann bald seinen 200. Geburtstag feiern. Anfang 1990er-Jahre hat man mir eine Vorlage zur Erneuerung des Stellwerks im mittelgroßen Bahnhof Biel unterbreitet. Kostenpunkt 130 Millionen Franken, was ich zunächst nicht glauben wollte. Alle Versuche, diesen enormen Betrag zu reduzieren, waren vergeblich. Den Anbietern ist es gelungen, mit der Stellwerktechnik bis heute ein einträgliches Monopolgeschäft zu sichern. Die Frage, ob es angesichts des Potenzials der Digitalisierung Stellwerke überhaupt noch braucht, ist offenbar tabu. Das Gleiche gilt für das ETCS. Es ist nicht nachzuvollziehen, dass die Zukunft der Zugsteuerung auf einem 30-jährigen mehr schlecht als recht geführten Projekt beruhen soll.

Als man 1996 die britische Railtrack an die Börse brachte, gingen die Erwartungen dahin, dass man die fixen Blockabschnitte durch den «moving block», einen wandernden Block, ersetzen könnte. Damit sollten die Kapazität des Bahnnetzes erhöht und die Längenrestriktionen für Güterzüge eliminiert werden. 25 Jahre später gibt es den wandernden Block immer noch nicht.

Wie heißt doch die Losung der Zeit? «Out oft the box!» (Aus herkömmlichen Denkstrukturen ausbrechen.) Eine Frage stellt sich gebieterisch: Wie würde man heute, auf der grünen Wiese, mit all den Möglichkeiten, die die Digitalisierung bietet, ein Zugsteuerungssystem konzipieren?

These: Mit Radarkameras (die Objekte auf dem Gleis erkennen), drahtloser Übertragung, Sensorik und künstlicher Intelligenz in *einer* Betriebsleitzentrale könnten Sicherheit und Kapazität erhöht und gleichzeitig die Kosten reduziert werden. Ein idealeres Anwendungsgebiet für künstliche Intelligenz als eine Bahn-Betriebsleitzentrale lässt sich kaum denken. Mit diesem Potenzial müsste es möglich sein, Sicherheit, Kapazität und Wirtschaftlichkeit des Bahnsystems markant zu steigern.

Stellwerke und ETCS würden den ihnen zustehenden Platz in der Geschichte der Eisenbahn erhalten.

Gefäßgröße

Die Rentabilität des Restaurants, das oben erwähnt wurde, hängt unter anderem von der Sitzplatzzahl und der Auslastung ab. Diese Faktoren sind auch für den Durchsatz im Verkehr entscheidend. Deshalb spielen die Gefäßgröße und ihre Nutzung im Kollektivverkehr für Personen und im Güterverkehr eine wesentliche Rolle. In allen Massenverkehren haben sich die Gefäße im Lauf der Zeit vergrößert. Nach seiner Ankunft auf den Bahamas hielt Christoph Kolumbus in seinem Bordbuch mit Erstaunen fest, dass die Menschen dort mit ausgehöhlten Baumstämmen bis zu 50 Personen transportierten.[43] Römische Handelsschiffe erreichten eine Tragfähigkeit von 1000 Tonnen.[44] Der letzte große Segelschiff wurde 1902 gebaut und konnte 8000 Tonnen Ladung aufnehmen.[45]

Am eindrucksvollsten verlief diese Entwicklung bei den Containerschiffen. Bis 1968 wurden auf einem Containerschiff bis 800 TEU (20-Fuß-Standardcontainer) befördert. 2006 erreichte die Tragfähigkeit annähernd 15 000 TEU. 2017 ging das erste Schiff mit 20 000 TEU auf See. Zurzeit wird diskutiert, ob diese Entwicklung noch weitergeht. Das Kriterium ist immer das Gleiche: Grenznutzen/Grenzkosten. Dabei kommt der Schifffahrt zugute, dass sich ihre Infrastruktur auf die Häfen beschränkt. Dort allerdings sind die Investitionen für die Abtiefung der Fahrrinnen und Anlegestellen beträchtlich. Auch die wichtigsten Kanalpassagen – Panama- und Suezkanal – mussten mit großem Aufwand angepasst werden. Nicht nur in der Containerschifffahrt wird die Gefäßgröße bis aufs Letzte ausgereizt. Auch das Geschäftsmodell der Kreuzfahrtindustrie beruht auf gigantischen Schiffen, die locker sämtliche Einwohner einer Kleinstadt transportieren könnten.

Beim LKW sind die Möglichkeiten der Ausdehnung durch die gegebenen Straßenverhältnisse beschränkt. Trotzdem ist der «Gigaliner» in der EU seit einiger Zeit ein Thema. Die Bestrebungen gehen dahin, die Länge eines LKW auf 25,25 Meter und das Maximalgewicht auf 60 Tonnen zu erhöhen. In Finnland, Schweden und den Niederlanden (wo man sie Ecokombi nennt) sind die LKW-Riesen schon zugelassen. In der Schweiz hat man sich mit den Konsequenzen eines derartigen Schritts befasst. Ohne erhebliche Investitionen in die Straßeninfrastruktur wäre eine Anpassung nicht möglich.

In der Luftfahrt fand der große Sprung schon 1969 statt. Damals absolvierte die Boeing 747 ihren Jungfernflug und firmiert seither im Volksmund als Jumbo-Jet. Es ist einer der erfolgreichsten Flugzeugtypen aller Zeiten und wird noch heute eingesetzt. Das Flugzeug bietet gegen 400 Passagieren Platz. Wie stark sich die durchschnittliche Sitzplatzzahl der Flugzeuge, aber auch deren Auslastung erhöht haben, lässt sich aus den Flughafenstatistiken ablesen. Zwischen 2007 und 2019 hat die Anzahl beförderter Passagere im Flughafen Zürich um gut 50 Prozent zugenommen, während die Anzahl der Flugbewegungen stabil blieb.

Die scheinbar zwingende Logik zu immer größeren Gefäßen löste in den 1980er-Jahren Bestrebungen für einen nächsten großen Schritt aus. Ende 1990 war das Projekt reif und 2001 begann Airbus mit dem Bau des A380, der bis zu 853 Passagieren Platz bieten sollte. Sein Erstflug fand 2005 statt. Nach Verzögerungen in der Produktion wurde am 15. Oktober 2007 die erste Maschine an die Singapore Airlines übergeben. Der Listenpreis betrug rund 330 Millionen Dollar. Das Geschäft boomte, die Stimmung war euphorisch. Allerdings zeigte sich bald, dass der A380 im Flugbetrieb sehr anforderungsreich war. Man brauchte spezielle Abfertigungsanlagen, Pisten und Rollwege mussten angepasst werden, bei manchen Flughäfen wurden die Grenzwerte für den Lärm überschritten. 2012 machten Risse in den Tragflächen Probleme. Steigende Treibstoffpreise und hoher Kerosinverbrauch verteuerten die Betriebskosten. Außerdem erhöhte Airbus den Listenpreis für das Flugzeug kontinuierlich bis auf fast 450 Millionen Dollar. Anfang 2019 gab Airbus bekannt, die Produktion des Riesenvogels (Spitzname «fliegende Weißwurst») einzustellen.

Wie konnte sich eine scheinbar logische Entscheidung zu einem solchen Desaster entwickeln? Am Anfang stand eine Fehleinschätzung. Man war davon ausgegangen, dass sich die Luftfahrt vor allem über die großen Hubs entwickeln würde. Das effektive Wachstum findet nun aber eher in den Direktverbindungen zwischen größeren Städten statt, wofür sich kleinere, sparsamere Flugzeuge wie die Boeing 787 und der Airbus 350 besser eignen. Außerdem war das Airbuskonstrukt mit verteilter Produktion auf vier Länder alles andere als ideal. Es führte zu Projektverzögerungen und war wohl auch ein Grund für Qualitätsprobleme. Ausschlaggebend war aber letztlich einmal mehr: Die Grenzkosten standen in keinem Verhältnis zum Grenznutzen. Der letzte Schlag für die bereits im Einsatz stehenden Riesenflugzeuge war die Coronakrise. Die Lufthansa hat bereits sechs A380 ausgemustert. Dass «die verbleibenden acht Jets jemals wieder abheben werden, gilt als unwahrscheinlich».[46]

Auch bei der Bahn spielt der enge Zusammenhang zwischen Gefäßgröße und Infrastruktur eine Rolle. Aufgrund der Netzkonfiguration in Europa – gegeben durch die Blockabstände und die Fahrsteiglängen der Bahnhöfe – kann ein Güterverkehrszug höchstens 750 Meter, ein Personenzug 400 Meter lang sein. In den USA sind die großen, börsenkotierten Bahnen im Güterverkehr tätig. Ihre Netze ermöglichen weit höhere Lasten als in Europa (mit Ausnahme von Russland). Das Lichtraumprofil erlaubt den Transport von Containern in zwei Lagen in Zügen bis 5 Kilometer Länge. Damit transportiert ein amerikanischer Zug über zehnmal mehr Container als ein europäischer. In meinen Dokumenten habe ich eine ältere Statistik über die Entwicklung der durchschnittlichen Anhängelast eines Güterzugs in den USA gefunden. 1929 betrug diese 804 Tonnen, 2004 waren es 3126 Tonnen. Seither hat sich diese Entwicklung unvermindert fortgesetzt. Auch in Europa wurden Diskussionen über längere Güterzüge geführt. 2012 stellte die DB einen 835 Meter langen «XXL-Güterzug» vor. 2013 verkündete sie, 1500 Meter lange Güterzüge «im Blick zu haben».[47] Seit 2016 verkehren 835 Meter lange Güterzüge aus dem Hamburger Hafen nach Maschen und Padborg. Seither ist es um das Thema ruhig geworden. Das Missverhältnis von Grenzkosten und -nutzen ist offensichtlich. Es sei denn, es werde dereinst ein wandernder Block eingesetzt.

Auch im Personenverkehr der Bahn ist das Fassungsvermögen der Züge stetig gestiegen, seit 1930 um das Sechsfache.[48] Ein großer Schritt war die Einführung doppelstöckiger Züge, in Europa zunächst im S-Bahn-Verkehr. Anfang der 1990er-Jahre evaluierten wir bei den SBB zusammen mit der heimischen Rollmaterialindustrie sämtliche weltweit im Einsatz stehenden Doppelstockzüge und leiteten daraus ein Pflichtenheft ab. Erklärtes Ziel war die Maximierung der Sitzplatzzahl. Dafür musste auf den für den Einsatz vorgesehenen Strecken das Lichtraumprofil erweitert werden. Der Entscheid für die dafür notwendigen Investitionen fiel uns angesichts des Verhältnisses von Grenzkosten zum Grenznutzen leicht. Der IC 2000 ist ein lokbespannter Zug mit einem Wagenkasten aus Aluminium und einem durchgehenden Wagenübergang auf dem Oberdeck. Bei maximaler Zuglänge mit 14 Wagen bietet er 1200 Sitzplätze. Dafür bräuchte es allerdings die Traktionsleistung einer zweiten Lokomotive, was sich nicht rechnet ... Grenzkosten/Grenznutzen!

Mittlerweile werden auch im Hochgeschwindigkeitsverkehr in Japan und Frankreich Doppelstockzüge eingesetzt. Moderne Doppelstockzüge sind Triebzüge mit verteilter Traktion. In Frankreich fährt Ouigo, der Low-Cost-TGV der SNCF, mit 1260 Sitzplätzen. Bombardier preist den neuen Fernverkehrs-Doppelstockzug mit der noch nie erreichten Kapazität von 1300 Sitzplätzen an. Erstaunlich, dass die DB und ihr Lieferant Siemens ausschließlich auf einstöckige Züge setzen Der neue ICE 4 verfügt nur über 830 Sitzplätze. Der als XXL-ICE angepriesene «Riesen-ICE» kann immerhin 918 Personen transportieren. Die maximale Sitzplatzzahl hängt vom Verhältnis 1. Klasse/2. Klasse und vom Layout im Wagen ab. Bei geschickter Raumnutzung müssten in einem Doppelstockzug 1400 Sitzplätze möglich sein. Das wäre die eleganteste Möglichkeit, den Durchsatz zu erhöhen: Die Grenzkosten pro Sitzplatz sinken, gleichzeitig steigt der Nutzen, weil mehr Sitzplätze angeboten werden.

Die simple Gleichung Größe = Effizienz findet ihre Grenzen nicht nur im Verhältnis der Grenzkosten zum Grenznutzen, sondern auch in den mit der schieren Größe verbundenen operativen Risiken. Das über Tage hinweg im Suezkanal blockierte 400 Meter lange Containerschiff «Ever Given» ist zum Symbol für die Fragilität internationaler Transportketten geworden.

8. Güter und enge Räume

Das Funktionieren unserer Welt hängt von einem weltumspannenden, effizienten Transport von Gütern ab; von den Weltmeeren bis hinein in die engen Räume unserer Innenstädte.

Güterverkehr

Wenn in der Öffentlichkeit von Mobilität die Rede ist, stehen die Bewegungen von Menschen im Vordergrund. Der Güterverkehr, obwohl von höchster Systemrelevanz, wird eher als lästiges Übel wahrgenommen, zum Beispiel wenn man auf hochbelasteten Autobahnen durch sogenannte Elefantenrennen von Lastenzügen blockiert wird. Dabei entwickelt sich der Güterverkehr seit der Globalisierung exponentiell und zu einem großen Teil auf den Weltmeeren. Der «Hinterlandverkehr» wird über die Binnenschifffahrt, Eisenbahn und Straße abgewickelt. Die zunehmende internationale Arbeitsteilung und die permanenten Prozessoptimierungen nach dem Prinzip «just in time» haben die Anforderungen an die Planbarkeit der Gütertransporte enorm erhöht. Interkontinentale Güterströme sind immer intermodal und werden zunehmend mit Containern abgewickelt. Kapazität und Qualität der Umschlageinrichtungen in den Häfen müssen laufend justiert werden. Mit der von China vorangetriebenen Belt and Road Initiative hat der weltumspannende Güterverkehr geostrategische Bedeutung erhalten. Ein brisantes Thema ist der Güterverkehr in den Alpenländern. Die Bündelung der starken Transitströme im Personen- und Güterverkehr auf wenige Korridore belastet einen ökologisch sensiblen Raum.

Seit dem Ende des Zweiten Weltkriegs haben sich die Verhältnisse im Landverkehr radikal verändert. Die bis dahin dominierende Eisenbahn wurde immer mehr durch den LKW be- und verdrängt. Die Geschichte der Schweizerischen Bundesbahnen steht exemplarisch für diese Entwicklung, die sich europaweit vollzogen hat. Noch 1973 erarbeiteten die SBB weit über die Hälfte ihres Umsatzes im Güterverkehr, den stärksten Teil davon im transalpinen Verkehr. Der «Erdölschock» von 1973 bewirkte einen Zusammenbruch des Güterverkehrs, von dem sich Bahnen wie die SBB nie mehr richtig erholt haben. Weder die Devise der Bahnen «Für Güter die Schiene», die europaweit verkündeten verkehrspolitischen Deklarationen für eine Verlagerung auf die Schiene noch protektionistische Maßnahmen wie das Nacht- und Sonntagsfahrverbot oder die 28-Tonnen-Limite für LKW konnten den Trend brechen.

Das Rezept der EU für eine Trendumkehr war klar: Öffnung der Schienennetze für den Wettbewerb. Das führte paradoxerweise dazu, dass sich die Situation für die «Systembahnen» (in der Regel Staatsbahnen), die ein Vollsortiment im Güterverkehr anbieten, schlagartig verschlechterte. Vor der Liberalisierung kostete der Bahntransport einer Tonne Kerosin in der Schweiz mehr als 20 Franken. Der Transport von Ganzzügen mit Erdölprodukten ist eine einfache Operation. Eine (allenfalls gemietete) Lokomotive genügt, um einen Zug von O nach D zu fahren. Natürlich stürzten sich die «new entrants» auf diesen Sektor des Geschäfts, speziell bei Kunden, die über eigene oder gemietete Güterwagen verfügten. Innert kürzester Zeit fiel der Preis unter 10 Franken. Damit verloren die Systembahnen die Möglichkeit, die Verluste im aufwendigen Einzelwagenladungsverkehr auszugleichen, und die finanzielle Situation im Güterverkehr verschlechterte sich rapide.

Der Einzelwagenladungsverkehr ist ein ausgesprochener Streuverkehr. In diesem «Systemverkehr» werden einzelne Wagen oder Wagengruppen mit Schienentraktoren (oft mit Dieselantrieb) über Anschlussgleise bei den versendenden Firmen (O) abgeholt und zu einem Sammelbahnhof geführt. Dort wird ein Zug formiert, der einen Rangierbahnhof anfährt, wo der Zug zerlegt wird. Die Wagen und Wagengruppen werden zu einem neuen

Zug formiert. Dieser fährt zu einen Verteilbahnhof, wird wieder zerlegt und die einzelnen Wagen oder Wagengruppen werden mit einem Schienentraktor via ein Anschlussgleis der empfangenden Unternehmung (D) zugeführt. Das System hat den Charakter eines Spinnennetzes. Die Knoten sind die Rangierbahnhöfe, die durch Hauptverkehrsstränge miteinander verbunden sind. Von den Rangierbahnhöfen führen Nebenstränge zu den Sammel- bzw. Verteilbahnhöfen, die ihrerseits mit den Kapillaren, den Anschlussgleisen der Unternehmen, verbunden sind.

Die Preissetzungsmacht im Güterverkehr liegt beim LKW. Dieser fährt ohne Zwischenoperation von O nach D und ist von der Transportzeit her unschlagbar. Es braucht nicht viel Vorstellungskraft, um zu begreifen, dass sich die komplexen Operationen im Schienenverkehr im Vergleich dazu nie rechnen, schon gar nicht in kleinräumigen Verhältnissen.

Dazu muss man sich vergegenwärtigen, was ein Rangierbahnhof ist: erst mal eine riesige Fläche, dann eine hochautomatisierte Anlage mit entsprechendem Rechenzentrum. Dazu kommt ein Restbestand archaischer Produktionsmethode: Die Wagen werden über den «Ablaufberg» geschickt, wo sie von Rangierarbeitern entkuppelt werden. Der Betrieb eines Rangierbahnhofs ist personal- und ausgesprochen kapitalintensiv. Notabene: In den 1970er-Jahren war ein Projekt der Union Internationale des Chemins de Fer für die Einführung der automatischen Kupplung spruchreif. Es wurde von ihren Mitgliedern abgelehnt (wie man munkelte, aufgrund von Interventionen der Gewerkschaften).

Die Erfolgsformel für den Güterverkehr mit der Bahn heißt «Masse und Distanz». Seine Stärke kann er ausspielen, wo Verkehre gebündelt werden. Für den Streuverkehr ist er wenig geeignet. Die amerikanischen Güterverkehrsbahnen zeigen, wie das funktioniert. Der Aktienkurs der Union Pacific (UP) hat sich in fünf Jahren um 140 Prozent erhöht. Im September 2020 betrug ihr Börsenwert 137 Milliarden US-Dollar. Vor 20 Jahren hat mir der damalige CEO der UP erklärt, was Masse und Distanz für sie bedeutet: über 500 Container in einem Zug, 1000 Meilen mittlere Transportdistanz, eine Million Einheitscontainer im Umschlag eines Terminals.

Zwischen amerikanischen und europäischen Bahnen besteht ein fundamentaler Unterschied. Erstere sind mit wenigen Ausnahmen reine Güterverkehrsbahnen. Personenzüge werden allenfalls sporadisch oder im Bereich von Agglomerationen angeboten. Nur so ist es möglich, die Systemvorteile rigoros auszunutzen. Die europäischen Bahnen hingegen wurden für den Mischverkehr konzipiert. Mit der Zeit hat sich der Personenverkehr immer mehr als Hauptnutzer etabliert. Nach der Wende von 1989 gab es zaghafte Versuche, den Personen- und Güterverkehr zu entmischen, vor allem im Ost-West-Verkehr, die jedoch alle versandeten. In der Schweiz wurde das Primat des Personenverkehrs unlängst sogar juristisch bestätigt. Als das Bundesamt für Verkehr einen Ausbau der S-Bahn Zürich verhindern wollte, weil die benötigten Fahrplantrassen für den Güterverkehr reserviert waren, klagte der Kanton Zürich beim Bundesgericht und bekam Recht.

Jack Welch, langjähriger CEO von General Electric und als Manager des 20. Jahrhunderts in die Geschichte eingegangen, empfiehlt bei einer Strategieüberprüfung folgendes Vorgehen: Zuerst stelle man sich die Frage, ob man in einen Geschäftsbereich einsteigen würde, wenn man nicht schon drin wäre. Lautet die Antwort Nein, muss man sich für eine von drei Möglichkeiten entscheiden: «fix it, sell it or close it».

Man kann sich nicht vorstellen, dass heute auch nur eine europäische Bahn in den Einzelwagenladungsverkehr einsteigen würde. Also: «Fix it!» Das versucht man seit bald 50 Jahren – ohne nachhaltigen Erfolg. Nachhaltig bedeutet, dass man in diesem konjunkturabhängigen Markt in den guten Zeiten gute Margen erzielen muss. Das hat sich in all den Jahren jedoch als Illusion erwiesen.

«Sell it?» Man kann es versuchen. Aber wer will schon in ein derart hoffnungsloses Geschäft investieren?

Bleibt nur: «Close it». Dass die Schweizer Regierung und das Parlament schon vor Jahren diese Möglichkeit erwogen haben, zeigt sich in der Leistungsvereinbarung zwischen der Schweizerischen Eidgenossenschaft und den SBB für die Jahre 2003 bis 2006. Als Vorgabe für den Wagenladungsverkehr wurde Folgendes formuliert:

> «Im Wagenladungsverkehr tritt die SBB AG in der ganzen Schweiz flächendeckend als Systemanbieterin auf, soweit sie die Leistung wirtschaftlich erbringen kann.»

Der nächste Artikel lässt die Zweifel über die Erreichbarkeit dieser Vorgabe erkennen:

> «Kann die SBB AG den flächendeckenden Wagenladungsverkehr aufgrund einer veränderten Konkurrenzsituation nicht mehr wirtschaftlich betreiben, so erstattet sie dem Bundesrat Bericht und schlägt geeignete Massnahmen vor.»

Die Hintertüre, die hier geöffnet wird, heißt Grundversorgung. Dazu müsste man allerdings triftige Gründe haben. Die Coronakrise hat noch deutlicher als zuvor gezeigt, in welchem Maß die Grundversorgung mit Gütern vom LKW erbracht wird. Systemrelevant ist der Einzelwagenladungsverkehr der Bahn jedenfalls nicht.

Es sei nochmals klargestellt, dass hier nur vom Einzelwagenladungsverkehr auf der Schiene die Rede ist. Nicht infrage gestellt ist der Transitverkehr. Zu diesem Zweck sind Rangierbahnhöfe an den Grenzen unentbehrlich. Dort können auch Ganzzüge im Import- oder Exportverkehr behandelt werden, auch in den Häfen der See- und Binnenschifffahrt. Nicht infrage gestellt sind die Ganzzüge im Binnenverkehr. Damit werden Massengüter, bei entsprechender Organisation auch Stückgüter oder Container befördert.

Stellt sich die Frage, ob es triftige Gründe dafür gibt, einen Auftrag für eine flächendeckende Grundversorgung durch die Eisenbahn zu erteilen und die ungedeckten Kosten zu bezahlen im Wissen darum, dass der Aufwand dafür hoch und der Nutzen überschaubar ist. Zwei Argumente sprechen für einen Grundversorgungs-Auftrag: 1) die Auswirkung auf die CO_2-Bilanz. Diese ist allerdings beim Bahn-Wagenladungsverkehr nicht brillant, insbesondere wenn man die graue Energie und die Dieseltraktion auf der letzten Meile einbezieht; 2) die Auswirkungen auf die Auslastung der Straßen. Dass eine Aufgabe des Wagenladungssystems der Bahn im Binnenverkehr zu zusätzlichem LKW-Verkehr führen würde, ist offensichtlich.

Eine zwingende Voraussetzung für eine radikale Absenkung des CO_2-Ausstoßes des Motorfahrzeugverkehrs ist seine Dekarbonisierung. Wie dies gelingen kann, zeichnet sich ab: Im kleinräumigen LKW-Verkehr scheint sich das batteriebetriebene Fahrzeug durchzusetzen. Für LKW im Fernverkehr bietet sich die Wasserstofftechnologie an. «Heute beginnt die Dekarbonisierung des Verkehrs« – mit diesen Worten leitete der CEO von Hyundai Hydrogen Mobility eine Zeremonie anlässlich der Übergabe von serienmäßig produzierten Brennstoffzellen-LKW an die Kundschaft ein. Die Erkenntnis, dass eine Energiewende ohne Wasserstoff nicht zu machen ist, hat in der Schweiz zur Gründung der Firma H2 Energy geführt. In enger Zusammenarbeit zwischen Fahrzeugherstellern, Logistikern und Tankstellenbetreibern wird insbesondere das »Henne-Ei-Dilemma« – Henne für wasserstoffbetriebenes Fahrzeug und Ei die Wasserstofftankstelle – angegangen. Bis 2025 soll ein flächendeckendes Tankstellennetz aufgebaut werden.[1] Scania, der schwedische Hersteller von LKW aus dem VW-Konzern, ist allerdings vom Wasserstoff-Truck nicht überzeugt. Die Weiterentwicklung von Wasserstoff-LKW wird vorläufig zurückgestellt. Stattdessen setzt Scania auf batterieelektrische LKW, obwohl deren Reichweite nur 250 Kilometer und die Ladezeit mit der großen Batterieversion 100 Minuten beträgt.

Welche Technik sich schließlich auch durchsetzt, das Argument 1) wird mit hoher Wahrscheinlichkeit mittel- bis langfristig hinfällig.

Unsere Straßen sind stark ausgelastet und oft überlastet. Kann man dieses System auf einen Schlag mit täglich Tausenden zusätzlichen LKW belasten? Die Frage lässt sich ohne detaillierte Modellrechnungen nicht beantworten. Intuitiv lautet die Antwort: eher Nein. Nur: Ist das Straßennetz wirklich so stark ausgelastet? Ich schreibe diese Zeilen an einem Donnerstagmorgen um 10 Uhr. Aus dem Fenster meines Büros blicke ich auf die Autobahn. Auslastung vielleicht 30 Prozent. Vor zwei Stunden waren es über 100 Prozent, der Verkehr stockte. In der Nacht sinkt die Auslastung auf deutlich unter 50 Prozent, auch infolge des Nachtfahrverbots für LKW in der Schweiz. Was hintergründig eine protektionistische Maßnahme zugunsten des Bahn-Güterverkehrs ist, wird offiziell mit Lärmschutz begründet. Ein Argument, das mit dem Verschwinden des Verbrennungsmotors hinfällig wird. Folgerung: Wenn man die Nacht einbezieht, ist auf den Autobahnen genügend Kapazität vorhanden. Dazu kommt, dass neue Technologien erprobt werden, die den Durchsatz im LKW-Verkehr markant erhöhen könnten. Ziel ist die «elektronische Deichsel», die das Fahren mehrerer LKW im Verband mit minimalem Abstand ermöglicht. Einen Mitfahrenden brauchte es dabei nur noch im ersten Fahrzeug. Es ist eine Ironie der Geschichte, dass sich dieses Platooning eine zentrale Eigenschaft der Eisenbahn – die Zugbildung – zu eigen macht.

Bei der Entscheidung für oder gegen einen Grundversorgungsauftrag spielen die Opportunitätskosten eine entscheidende Rolle. Damit bezeichnet man den entgangenen Nutzen einer verworfenen Variante. Bei der Aufrechterhaltung des Einzelwagenverkehrs entfällt logischerweise der Nutzen seiner Aufhebung. Und der wäre groß, zum einen wegen der dadurch gewonnenen Kapazität auf dem Schienennetz. Heute bestehende Kapazitätsengpässe könnten verschwinden, geplante Netzerweiterungen würden möglicherweise hinfällig. Zum anderen könnten die riesigen Flächen der bestehenden Inlandrangierbahnhöfe – an bester Lage – neuen Nutzungen zugeführt werden.

Diese geraffte Bestandsaufnahme macht klar, dass man sich der Macht des Faktischen über kurz oder lang wird beugen müssen. Es ist an der Zeit, sich von Lebenslügen zu verabschieden. Obwohl der Weg zur Dekarbonisierung des Motorfahrzeugverkehrs noch lang ist und viel Zeit erfordert, ist ein Entscheid dringend. Andernfalls werden Kapazitätsausbauten in Angriff genommen, die sich nach einer Aufgabe des Einzelwagenladungsverkehrs als überflüssig erweisen könnten.

Ein zunehmendes Problem ist die Belieferung von Geschäften und Privatpersonen in Städten und Agglomerationen. Mit dem durch die Coronakrise befeuerten Online-Boom haben sich die Konflikte in den engen Räumen akzentuiert. Neue Ideen sind gefragt. Barcelona hat ein verpflichtendes System zur Reservierung von Lieferzonen im öffentlichen Raum mit 9000 Stellplätzen eingerichtet. Lieferungen und Abholungen werden über eine App gesteuert.[2] Die Firma Rinspeed will mit modular aufgebauten Lieferfahrzeugen mobile Paketstationen verteilen und wieder einsammeln. Pakete könnten rund um die Uhr abgeholt werden.[3] Damit, so die Firma, ließe sich die Anzahl benötigter Lieferfahrzeuge um 50 Prozent verringern. Jedenfalls ein Tätigkeitsfeld für Applikationen unter dem Titel Intelligent Transport System.

Brennpunkt Stadt

Städte haben sich über Jahrhunderte entwickelt. Gebaut wurden sie vorzugsweise an Gewässern und an Standorten, die günstig befestigt werden konnten. Mit der Industrialisierung veränderte sich ihr Charakter. Das grundlegend Neue waren die Fabriken, meist am Rand der Städte angesiedelt, und die Wohnsiedlungen für die Arbeiter. So entstand der neue Stadttyp der Industriestadt. Manchester wurde ihr Symbol.

Das Rückgrat der Industrialisierung war die Eisenbahn, die die Physiognomie der Städte vielerorts noch radikaler als die Fabrik veränderte. In manchen Städten wurden die Befestigungsanlagen geschleift, damit die Schienen bis ins Zentrum gelegt werden konnten. Die Menschenströme vom Bahnhof zur Innenstadt generierten Bahnhofstrassen, ein idealer Ort für die neu entstandenen großen Kaufhäuser.

Ein Jahrhundert später löste das Auto die nächste radikale Umgestaltung der Städte aus. 1948 veröffentlichte der Architekt Hans Reichow das Lehrbuch *Organische Stadtbaukunst. Von der Grossstadt zur Stadtlandschaft*. Seine Kernthese war die funktionale Trennung von Wohnen, Arbeiten, Erholen und Verkehr. Elf Jahre später publizierte er ein Werk mit dem programmatischen Titel *Die autogerechte Stadt*.

Für die nächsten Jahrzehnte waren die Prinzipien Funktionszuschreibung und Funktionstrennung die Vorgabe für die Stadt- und Verkehrsplanung.[4] Die folgenschwerste Auswirkung der neuen Planungsphilosophie war die Zuordnung von dedizierten Flächen für die einzelnen Verkehrsträger. Gewinner dieser Umgestaltung war das Auto, Verlierer der Fußverkehr, der die Stadt jahrhundertelang geprägt hat. Die Funktionstrennung und der rasch wachsende Bestand an Autos veränderten nicht nur die Stadt, sondern auch ihre nähere und weitere Umgebung. Heute bestimmen Zersiedelung und Suburbanisierung das Landschaftsbild. Ein wesentlicher Teil des Einkaufsvolumens wurde an die Stadtränder und Agglomerationen ausgelagert, wo in rascher Folge autogerechte Shoppingmalls und Fachmärkte entstanden.

Der Architekt, Journalist und «Stadtwanderer» Benedikt Loderer fasst diese Entwicklung in zwei Sätzen zusammen:

> «Nicht Vater Tell und Mutter Helvetia haben die heutige Schweiz gezeugt. Es waren die Eisenbahn und das Automobil.»[5]

Wenn man den mythologischen Bezug ersetzt, ist dieser Befund für viele Länder gültig.

Erste Kratzer erhielt das Modell der Funktionstrennung, als sich viele Innenstädte nach Laden- und Büroschluss zu entleeren begannen. In Frankreich wurde die Politik der außerhalb der Kernstädte angesiedelten Supermarchés so konsequent umgesetzt, dass die Kernstädte nach und nach ihre kleingewerbliche Versorgungsstruktur verloren. Auch Restaurants und Bars verschwanden allmählich. Die Innenstädte begannen zu veröden.

In den 1980er-Jahren tauchte das Schlagwort «neue Urbanität» auf. Das starke Anwachsen des Dienstleistungssektors hatte dazu geführt, dass die Funktionsentmischung an Attraktivität verlor und die Funktionsmischung zum neuen Leitgedanken wurde.[6] Die Wohnqualität in der Stadt wurde aufgewertet, was zwei Folgen zeitigte. Zum einen wurde die Verkehrsberuhigung zu einem Schlüssel für die Aufwertung von Quartieren, was zum anderen zum Phänomen der Gentrifizierung führte: der Verdrängung der ursprünglichen Bewohner durch besser gestellte Schichten. Durch diesen Prozess veränderte sich nicht nur die soziale Struktur, sondern auch die politische Haltung der städtischen Bevölkerung. Immer mehr Städte wurden zu linken/grünen Hochburgen. Der Trend erfasste auch die Agglomerationen, die kontinuierlich mit den Städten zusammenwachsen.

Viele Städte haben ihre historische Substanz so gut gepflegt, dass sie in den letzten Jahren zu touristischen Hotspots in nie gekanntem Ausmaß wurden. Dazu hat nicht zuletzt der Boom der Kreuzfahrten beigetragen. Mit dem Resultat, dass Overtourism zu einem neuen Phänomen wurde, das Städte wie Barcelona, Dubrovnik oder Venedig zu ersticken droht. Immer mehr beginnt sich die ansässige Bevölkerung dagegen aufzulehnen.

Verstärkt werden diese Prozesse durch den Handlungsdruck, den der Klimawandel ausgelöst hat. Der Verkehr steht als massiver CO_2-Verursacher im Fokus. Infrage gestellt wird zunehmend der unablässig wachsende Pendlerverkehr zur Arbeit. Als Konsequenz ist ein neues Leitbild für die Stadt entstanden: die kompakte, durchmischte, nachhaltige Stadt der kurzen Wege.

Dass die Immobilienbranche den Trend bereits aufgenommen hat, demonstriert sie auf großflächigen Affichen mit dem Begriff «urbane Dörfer». Damit werden Projekte für bezahlbaren Wohnraum in der Agglomeration beworben mit dem Argument, Wohnen und Arbeiten zusammenzubringen.

Anne Hidalgo, Bürgermeisterin von Paris, hat sich dieses Leitbild auf die Fahne geschrieben. Sie will aus Paris eine «15-Minuten-Stadt» machen. Die Bewohnerinnen und Bewohner sollen alles, was sie zum Leben brauchen, in einer Viertelstunde erreichen. Zu diesem Zweck wird der öffentliche Nahverkehr ausgebaut, 70 000 Parkplätze sollen abgeschafft werden. Kein Wunder, dass der politische Gegenwind enorm ist. Trotzdem wurde sie 2020 klar wiedergewählt. Der Umbau der ehemaligen Polizeipräfektur Morland demonstriert die neue Planungskonzeption. Als Rahmenbedingungen wurden die öffentliche Zugänglichkeit und die Durchmischung der Nutzungen gesetzt. Entsprechend sind die Auflagen der Stadt: Bau einer Jugendherberge, einer öffentlichen Kinderkrippe, ein Anteil von mindestens 30 Prozent Sozialwohnungen. Im Inneren des Gebäudes entsteht ein Wochenmarkt für regionale Produkte. Auf 6000 Quadratmetern Terrassenflächen sollen Kräuter, Tomaten und Gemüse wachsen, das Spa des Luxushotels auf den oberen Etagen ist frei zugänglich.[7]

Die Coronakrise hat drei Trends verstärkt. 1) Homeoffice und virtuelle Sitzungen wurden zu einem Massenphänomen und verringern die Pendlerfahrten zur Arbeit und Geschäftsreisen. Nur hat die Angst vor dem Virus die Auslastung im öffentlichen Verkehr so stark sinken lassen, dass weniger Personenbewegungen zu mehr Stau in den Städten führten. 2) Es wird wesentlich mehr Fahrrad gefahren. 3) Der Online-Einkauf nimmt massiv zu.

Diese Entwicklungen beeinflussen die Zukunft der Stadt. Trotz zunehmenden Überdrusses wird das Homeoffice auch in Zukunft eine gewisse Rolle spielen. Das spielt Büroflächen frei.

Vorerst ist es nur eine Frage, aber sie steht im Raum: Hat der Büroturm ausgedient? Die Distanz zwischen Wohnen und Arbeitsplatz könnte sich wieder erhöhen. Der Trend zum Online-Einkauf wird anhalten, was den Detailhandel in der Stadt bedroht, zum Beispiel die Warenhäuser, die schon vor Corona unter Druck standen. In vielen mittelgroßen Städten wird die Vermietung der Ladengeschäfte im Erdgeschoss immer schwieriger, eine Entwicklung, die nun auch größere Städte bedroht. Die Zukunftshoffnungen liegen in intelligenten Kombinationen von digitalen und stationären Geschäftsmodellen. Die Gefahr einer Verödung der Einkaufsstraßen lässt sogar den Gedanken an «staatlich subventionierten Erhalt der Innenstadt als Daseinsvorsorge»[8] aufkommen.

Einige Städte regierten umgehend auf den durch das Virus ausgelösten Fahrradboom. In Italien wurden neue Fahrradpisten eingerichtet, auch Corona-Radwege genannt. Die Bürgermeisterin von Paris sperrte die Rue de Rivoli, eine zentrale Verkehrsachse der Stadt, für Autos und machte sie zum Boulevard für Fahrräder. Berlin und Wien eröffneten kurzfristig «Pop-up-Radwege», die rege benutzt wurden, aber ebenso regen Widerstand weckten. Besonders derb in Wien, wo Nägel auf die Fahrbahn gestreut wurden, was mit der Wiener Kultur des «kleinen Sozialismus» erklärt wird. Der bestehe halt immer noch aus einer Gemeindewohnung, einer Stelle beim Staat und einem Opel Kadett.[9]

Städte, die vom Overtourism überrannt wurden, nutzen die coronabedingte Atempause, um grundsätzliche Gedanken über die Zukunft anzustellen. In Venedig überlegt man sich, inwieweit man Quantität durch Qualität ersetzen könnte. «Venedig hat das Potenzial, zu einer der lebenswertesten Kernstädte der Welt zu werden.» Wenn beispielsweise die Waterfront nicht mehr bloß als Anlegestelle benutzt würde. Anstelle von überdimensionierten Kreuzfahrtschiffen, die den ganzen Tag ihren Qualm über die Stadt verbreiten, könnten an diesem magischen Ort Wohn- und Grünlandschaften entstehen.[10]

Die Anziehungskraft vor allem der großen Städte ist ungebrochen. Wie groß sie ist, zeigt sich am Beispiel der Gigafactory von Tesla. Ein entscheidendes Kriterium für die Ansiedelung der gigantischen Produktionsanlage im märkischen Grünheide war die Nähe zu Berlin.

Die Stadt ist *der* Brennpunkt des Mobilitätsgeschehens. Sie zieht überdurchschnittliche Mobilität an. Aber die Verkehrsfläche ist begrenzt und ließe sich höchstens durch Bauen im Untergrund vergrößern. Primär gilt es, bestehende Kapazitäten besser zu nutzen. Die Kriterien hierfür sind: Durchsatz, Flächeneffizienz, Energieeffizienz und Emissionen. Dass das Auto dabei schlechte Karten hat, haben wir bei den Ausführungen über den wesensgerechten Verkehr festgehalten. Nicht zuletzt weil seine Nachteile kumuliert auftreten: Der Durchsatz ist im rollenden Verkehr wegen des Missverhältnisses von Größe und Gewicht der Fahrzeuge im Verhältnis zur Anzahl ihrer Insassen um Größenordnungen schlechter als bei allen anderen Verkehrsträgern. Dazu gesellen sich die ebenso großen Unterschiede beim ruhenden Verkehr nach dem Maßstab der Flächeneffizienz.

Ausweichen in den Untergrund ist für den Autoverkehr angesichts des Missverhältnisses von Investitionsaufwand zum Durchsatz keine Option. Elektrisch angetriebene Flugtaxis werden wohl irgendwann eingesetzt werden. Ihre Verkehrsleistung wird infolge des geringen Durchsatzes marginal bleiben.

Die logische Konsequenz all dieser Fakten verlangt nach einer Umwidmung der Verkehrsflächen zugunsten der wesensgerechten Verkehrsmittel Bahn, Tram, Bus, Fahrrad und einer Stärkung des Fußgängerverkehrs. Dabei stehen sich Logik und Ideologie unversöhnlich gegenüber, wie etwa im roten Wien, wo freie Fahrt mit dem Auto und günstige Parkplätze als Grundrecht angesehen werden, weshalb dort der Klassenkampf im Verkehr stattfindet.[11] Wien ist überall, die Auseinandersetzungen um den knappen Raum werden noch härter werden. Marco Bucci, Bürgermeister von Genua, sieht dieser Auseinandersetzung gelassen entgegen.

Als er gefragt wurde, wie er das Auto aus der Stadt drängen wolle, antwortete er: «Wir setzen die Leute auf ein Elektrovelo. Das Auto ist kein Verkehrsmittel für die Stadt. In Mailand machen sie es vor. So muss es auch hier werden. Bisher war es schwierig, jetzt wird es einfach.»[12]

Es ist anzunehmen, dass sich die Megatrends, die grüne Welle und die Logik auf mittlere Frist durchsetzen. Nur: Auch hier war bis jetzt nur von der Mobilität von Personen die Rede. Eine Stadt kann aber nur funktionieren, wenn eine effiziente Ver- und Entsorgung gewährleistet ist. Und die basiert, wie wir oben gesehen haben, auf dem LKW. Das Auto wird nicht aus der Stadt verschwinden. Dank digitaler Techniken lassen sich diese Verkehre aber wesentlich effizienter organisieren.

9. Mobilitätsformen unter der Lupe

Nachhaltige Mobilität ist effizient. Effizient ist die Mobilität, die besonders geeignet ist, spezifische Bedürfnisse zu befriedigen.

Per pedes

Was den Menschen von den Primaten unterscheidet, ist der aufrechte Gang. Gehen und Laufen waren über Jahrtausende die vorherrschende Form der Mobilität. Das zu Fuß-Gehen in den Städten war allerdings eine Tortur. Nicht nur die Pferdewagen und Kutschen machten das Leben schwer, Pferdemist und menschlicher Urin flossen ungehindert durch die engen Straßen. In Paris waren die Pflastersteine derart mit Schleim bedeckt, dass man die Pariser an ihrem charakteristischen Gang erkannte, der sich entwickelt hatte, um sturzfrei durch die stinkende Stadt zu gehen.

Seine Blüte erlebte der Fußverkehr in den Städten des ausgehenden 19. Jahrhundert. Mit dem Bürgersteig erhielten die Menschen erstmals einen eigenen, ihnen zugeschriebenen Raum. Der Bürgersteig wurde zum Symbol für das selbstbewusste Bürgertum, auch für die Hygiene in den Städten. Diese Entwicklung war von Georges-Eugène Haussmann angestoßen worden, der Paris in den 1850er- und 1860er-Jahren im Auftrag von Napoleon III. zu einer modernen Metropole umgestaltete. Kern seiner Konzeption waren großzügige Boulevards, umrahmt von breiten, mit Bäumen und Bänken bestückten Bürgersteigen.

Der Fußverkehr ist einzigartig, weil er auf jegliches Verkehrsmittel verzichtet. Mit dem Siegeszug des Autos wurde er allmählich aus dem Bewusstsein der Menschen, der Gesetzgeber und Verkehrsplaner verdrängt und zu einer Restgröße degradiert. Noch 1905 durften gemäß der preußischen Wegeordnung die Straßen von jedermann zum Gehen, Reiten, Radfahren, Fahren und Viehtreiben benutzt werden. Die Reichs-Straßenverkehrs-Ordnung von 1934 beendete die freie Straßennutzung. Die Straßen waren nun Fahrbahnen. In den Vororten amerikanischer Städte verschwanden die Bürgersteige allmählich ganz. Die Gesetzgebung erwähnt den Fußverkehr bloß noch im Zusammenhang mit der Querung der Fahrbahn und dem Gehen auf Straßen ohne Gehsteig (hintereinander). In Großbritannien wurde der Zebrastreifen erfunden, eine Art Reservat für Fußgänger. 1949 fand der Fußgängerstreifen Eingang in das UN-Protokoll über die Straßenverkehrszeichen.[1]

Erstaunlicherweise hat diese Einschränkung der elementarsten Bewegungsfreiheit nie die Heerschar von Verteidigern der Freiheitsrechte und Kämpfer gegen die staatliche Bevormundung, die zu Coronazeiten Urständ feiern, auf den Plan gerufen. Jedoch wurde eine neue Kategorie von Freiheit kreiert: die Freiheit der Verkehrsmittelwahl. Das ist ein schönes Beispiel für einen Euphemismus – gemäß Duden «einen Gegenstand oder einen Sachverhalt beschönigen, mildern oder verschleiern»: Was man damit wirklich meint, ist der schrankenlose Gebrauch des Autos.

Eine Gegenbewegung formierte sich schon früh. 1927 wurde die Limbeckerstraße in Essen in eine fahrverkehrsfreie Einkaufsstraße umgestaltet. In den 1950er-Jahren begann sich die Idee unter dem Namen «Fußgängerzone» zu verbreiten, oft im Zug des Wiederaufbaus zerstörter Städte.

1988 hat das Europäische Parlament die «Charta der Fußgänger» erlassen. In den «Erwägungen» wird dieser Akt wortreich begründet: Schutz der Fußgänger (in jeden dritten Verkehrsunfall sind Fußgänger verwickelt, die Unfälle sind zum überwiegenden Teil auf zu schnelles Fahren zurückzuführen); Schutz des wachsenden Anteils von älteren Menschen; Entlastung der Stadtkerne vor Luftverschmutzung und Lärm. Im Verhältnis zur gesamten Verkehrsfläche, stellt die Charta fest, haben Fußgängerzonen einen zu geringen Anteil. Ein Einstehen zugunsten der Fußgänger soll den «Angelpunkt für eine Politik darstellen, die darauf ausgerichtet ist, eine neue und menschlichere ‹Stadtmentalität› zu schaffen». Die Charta definiert eine Reihe von Rechten der Fußgänger: in Artikel II das Recht, in Stadt und Dorfkernen zu leben, die menschen- und nicht autogerecht gestaltet sind und über Einrichtungen zu verfügen, die zu Fuß oder mit dem Fahrrad leicht zu erreichen sind. In Artikel V das Anrecht auf möglichst ausgedehnte städtische Zonen, die ganz auf die Bedürfnisse der zu Fuß Gehenden ausgerichtet sind und nicht bloße Fußgängerinseln darstellen. Und schließlich, was im Hinblick auf die neuen Ideen bezüglich Stadtentwicklung geradezu prophetisch tönt, haben Fußgänger Anspruch auf ein Netz kurzer, logischer und sicherer Wege, die ihnen allein vorbehalten sind.

Das waren hehre Worte, nur: Sie waren in den Wind gesprochen. Ein Blick in die neuesten Mobilitätsstudien reicht, um festzustellen, dass sich an der Stellung des Fußverkehrs als Restgröße nicht viel geändert hat. Im statistischen Bericht über Mobilität und Verkehr in der Schweiz von 2018 wird der Fußverkehr nur zwei Mal erwähnt. Aus Gründen der Sicherheit und des Komforts seien ihm die Trottoirs und Fußgängerzonen vorbehalten, außerdem verfüge die Schweiz über ein Netz mit 66 000 Kilometer gekennzeichneten Wanderwegen. In einem Tortendiagramm über die Anteile der Verkehrsmittel an den Verkehrsleistungen ist der Fußverkehr mit 4 Prozent ausgewiesen. Dem Bericht über die Mobilität in Deutschland von 2019 kann man immerhin entnehmen, dass die Bedeutung des Fußverkehrs anerkannt wird. «Zufußgehen ist wichtig», es stelle «eine oft unterschätzte Mobilitätsoption dar». 22 Prozent der Wege wurden 2017 zu Fuß absolviert, 3 Prozent weniger als 2008.[2]

Statistiken über die Mobilität haben üblicherweise zwei Bezugsgrößen: die Wege und die Verkehrsleistungen. Wege sind Ortsveränderungen, deren Quelle (O) oder Ziel (D) außerhalb eines Wohnsitzes liegen. Hin- und Rückweg gelten als zwei Wege. Die Maßgröße für die Verkehrsleistung ist die zurückgelegte Distanz pro Person, in Personenkilometern gemessen. Werden für einen Weg mehrere Verkehrsarten benutzt, wird die Verkehrsleistung dem Hauptverkehrsmittel zugerechnet. Erste Erkenntnis: Gemessen an den Verkehrsleistungen ist der Fußverkehr wegen der geringen zurückgelegten Distanz marginal. Zweite Erkenntnis: Der Anteil des Fußverkehrs an der Anzahl Wege ist beträchtlich. Dritte Erkenntnis: Es ist davon auszugehen, dass auch bei der Verwendung von Fahrrad, Auto oder Flugzeug als Hauptverkehrsmittel die *first* oder die *last mile* zu Fuß zurückgelegt werden. Die Lobbyorganisation Fußverkehr Schweiz weist in der Schrift *Fussgänger zählen* auf den eklatanten Mangel an Zahlenmaterial hin. Das sei auch eine Folge davon, dass das Zählen von Fußgängern erstaunlich anspruchsvoll sei, aber unabdingbar, weil «nur was gezählt wird, zählt».[3]

Immerhin zeigt eine Statistik die wirkliche Bedeutung des Fußverkehrs auf. In einer Auswertung des Schweizer Mikrozensus Mobilität und Verkehr wird das Verhältnis von Bevölkerungs- und Arbeitsplatzdichte untersucht. Dabei werden die Wege in Etappen zerlegt, für die jeweils ein Verkehrsmittel benutzt wird. Wie nicht anders zu erwarten, nimmt der Fußverkehr mit steigender Dichte zu. Überraschend ist sein Ausmaß. Selbst bei der geringsten Besiedlungsdichte werden 31 Prozent der Etappen zu Fuß zurückgelegt, bei der höchsten sind es gar 57 Prozent.[4]

Als weiteren Grund, weshalb der Fußverkehr zur Restgröße mutiert ist, wird die Arbeitsweise der Verkehrsplaner genannt. Auf ihren Plänen im Maßstab 1:5000 ließen sich die Wege der Fußgängerinnen und Fußgänger kaum darstellen. Die menschengerechte Stadt basiere aber gerade auf einem Beziehungsgeflecht im kleinen Maßstab.[5] Nach all diesen Mängelrügen wollen wir doch die Stadt Bern rühmen, die im Sommer 2020 einen Richtplan Fußverkehr genehmigt hat, der sich zum Ziel macht, den Fußverkehr zu fördern.

Wenn die Zukunft der Stadt auf einer Umwidmung von Verkehrsflächen zugunsten wesensgerechter Verkehre basieren soll, dann spielt der Fußverkehr eine zentrale Rolle. Er hat einen immensen Vorteil: Jeder Mensch ist zuallererst Fußgängerin oder Fußgänger. Sein Nachteil ist die niedrige Geschwindigkeit und dadurch bedingt ein enger Aktionsradius. Demgegenüber stehen zwei weitere unschätzbare Vorteile: Der Durchsatz des Fußverkehrs ist im Vergleich mit allen anderen Verkehrsarten am größten, und es ist die einzige Verkehrsart, die garantiert klimaneutral ist.

Fußgängerinnen und Fußgänger sehen sich in ihrem knappen Raum zunehmend bedrängt durch Radfahrer und eine Welle von neuen, unter dem Begriff Mikromobilität firmierenden Verkehrsmitteln. Die *Frankfurter Allgemeine Sonntagszeitung* ruft mit großen Lettern zur «Verteidigung des Fußgängers» auf. Dieser drohe auch «geschichtsphilosophisch» unter die Räder zu kommen. «Denn die Schonungslosigkeit und Härte, mit der manche und nicht wenige Radfahrer sich nicht nur ihren Weg bahnen, sondern diesen auch mit Ausbrüchen von Wut und Aggression begleiten, wäre kaum denkbar ohne das zutiefst gute Gewissen, das sich im Einklang mit den Hauptströmungen der Zeit weiß.»[6]

Self-Tracking ist Mode geworden. Immer mehr Menschen protokollieren ihre Aktivität auf einem mobilen Gerät. Seit einigen Jahren wird die Idee der 10 000 Schritte pro Tag propagiert. Krankenkassen haben Apps entwickelt, die die Anzahl der zurückgelegten Schritte erfassen. Bei Erreichen einer Zielgröße wird eine Prämie ausgeschüttet. Auf der Website einer Krankenkasse empfiehlt ein Professor der Medizin diese Methode:

«Die Idee mit den 10 000 Schritten stammt ursprünglich von einem Japaner, der Laufgruppen schon in den Sechzigerjahren diese Trainingseinheit empfahl. Seither wurden viele Studien gemacht, die belegen, dass man mit 10 000 Schritten pro Tag – im Vergleich zu beispielsweise 5000 – zahlreiche positive Effekte für die Gesundheit erzielt. Ich selber halte es für eine pragmatische Idee, weil sie wissenschaftlich gut belegt ist und man sich die Zahl gut merken kann.»

10 000 Schritte ergeben eine Distanz von etwa 6,5 Kilometer.

Wer sich eine solche Distanz als Tagesziel vornimmt, muss systematisch Fußwege in den Alltag einbauen. Wer sich das zu eigen macht, wird bemerken, dass er damit einen ebenso unerwarteten wie fruchtbaren Zusatznutzen erzielt. Die Franzosen nennen es «temps large», Zeit, um nachzudenken.

Es gibt gute Gründe für ein Revival des Fußverkehrs.

Schiff

Flöße und Einbäume waren die ersten Verkehrsmittel der Geschichte, Wasser die erste systematisch genutzte Verkehrsinfrastruktur, mit dem immensen Vorteil, bereits vorhanden und frei zugänglich zu sein. Bis zum Aufkommen der Eisenbahn waren Flussläufe, See- und Meeranstoß für die Siedlungsstruktur bestimmend. Der Schiffsbau entwickelte sich über Jahrtausende, Schiffe wurden größer, wetterfester und besser zu manövrieren. Auch das nautische Wissen und die Techniken der Navigation verbesserten sich stetig. Bis zum Aufkommen der Dampfmaschine war der Schiffstransport klimaneutral, angetrieben von menschlicher Kraft und/oder vom Wind.

Schiffe erfüllten in der Geschichte verschiedenen Zwecke, oft in einem wechselseitigen Verhältnis: 1) Handel; 2) Personentransport; 3) Kolonialisierung; 4) Kriegsführung; 5) Fischfang.

1) Bereits in den Jahrhunderten vor der Zeitenwende hatte der Seehandel eine so große Bedeutung erlangt, dass die zuvor einfachen Anlegestellen zu Häfen ausgebaut wurden. Schutzmauern und Hafenmolen schützten vor dem Meer und Lagerbauten dienten dem Warenumschlag. Als um die Jahrtausendwende in Europa die Urbanisierung einsetzte, nahm der Seehandel sprunghaft zu, vor allem in den Städten Oberitaliens und an der Nord- und Ostsee. Der Mittelmeerhandel wurde von Genua und Venedig beherrscht, im Norden verbanden sich Großkaufleute zur «Hanse». Eine neue Dimen-

sion erhielt die weltweite OD-Matrix nach den großen Entdeckungsfahrten. Die führenden Seemächte Portugal und Spanien teilten ihre Einflusssphären mit dem Segen des Papstes untereinander auf. Portugal etablierte sich im Handel mit Ostasien, errichtete von der Westküste Afrikas bis nach Westindien Stützpunkte und kontrollierte den Zugang vom Indischen zum Pazifischen Ozean. «Lissabon wurde für Jahrzehnte zur Metropole des Welthandels.» Portugal diktierte die Preise im europäischen Gewürzmarkt «mit Gewinnspannen bis zu 1000 Prozent».[7] Ende 16. Jahrhundert begann die Phase der großen Handelsgesellschaften, allen voran die niederländische und die britische Ostindien-Kompanie. Sie waren als Kapitalgesellschaften ausgestattetet, «die aus dem euro-asiatischen Fernhandel zu dessen Blütezeit unglaubliche Profite zogen und damit den Nährboden des europäischen Kapitalismus schufen».[8]

Seit dem Zweiten Weltkrieg hat sich ein Phänomen entwickelt, das wir Globalisierung nennen. Maßgebend dazu beigetragen hat die aus Kostengründen erfolgte Globalisierung der Produktion. Die geografischen Gewichte haben sich im Vergleich zu früheren Jahrhunderten verschoben. Nicht mehr Europa steht im Zentrum der Handelsströme, sondern der asiatische/pazifische Raum, wo sich mit Schanghai auch der größte Hafen der Welt befindet. Unverändert geblieben ist die Bedeutung der Schifffahrt. 98 Prozent der Tonnage des interkontinentalen Warenverkehrs werden von der Handelsschifffahrt transportiert.[9] Selbst im Binnenland Schweiz werden 10 Prozent des Imports und 30 Prozent der Container im Import/Export über die Häfen in Basel abgewickelt.

2) Die ersten Massentransporte von Personen (und Pferden) fanden von 1096 bis 1272 statt, als Genua und Venedig die Verschiffung der Kreuzfahrerheere ins Heilige Land organisierten.[10] Gegen Ende des 17. Jahrhundert wurde in den Überseeregionen mit der Plantage eine neue Produktionsform einge-

führt. Der großflächige Anbau von Baumwolle, Kaffee, Tee, Bananen, Kautschuk, Tabak und Zucker erforderte große Mengen ungelernter Arbeiter, die man sich vorwiegend auf den afrikanischen Sklavenmärkten besorgte. Der Sklavenhandel war für die Reedereien ein äußerst lukratives Geschäft. Insgesamt wurden 28 000 Schiffspassagen durchgeführt und zwölf Millionen Afrikaner und Afrikanerinnen nach Süd- und Nordamerika deportiert. Fast alle europäischen seefahrenden Nationen haben sich daran bereichert.[11]

Im 19. Jahrhundert emigrierten Millionen Menschen vom alten Kontinent nach Nordamerika, immer mehr mit modernen Dampfschiffen. Auch der Reiseverkehr zwischen den Kontinenten florierte. Beim Untergang der «Titanic» im Jahr 1912 starben 1500 Menschen. Das war der Anstoß, um allgemein verbindliche Sicherheitsstandards für die Seefahrt einzuführen.

Durch das Aufkommen der Luftfahrt verlor das Passagiergeschäft seinen Markt. Anstelle der regelmäßigen Passagen begannen die Reedereien erlebnisorientierte Seereisen anzubieten, die man – 800 Jahre nach den Kreuzzügen – Kreuzfahrten nannte. Das Geschäftsmodell wurde immer erfolgreicher, das Angebot vielfältiger, die Schiffe größer. 2009 waren 17,8 Millionen Kreuzfahrtpassagiere unterwegs, 2018 waren es bereits 28,5 Millionen.[12] «Die ‹Symphony of the Seas›, ‹Oasis of the Seas›, ‹Allure of the Seas› befahren die Meere mit jeweils weit mehr als 5000 Passagieren, kleine schwimmende Städte auf der Jagd nach dem maximalen Shareholder Value. … 124 neue Kreuzfahrtschiffe mit einem Ordervolume von mehr als 69 Milliarden Dollar werden in den nächsten Jahren gebaut.»[13] Im Binnenland Schweiz hat sich die Zahl der unter Schweizer Flagge verkehrenden Flusskreuzfahrtschiffe (ausgehend vom Rhein in Basel) von 49 im Jahr 2010 bis auf 176 im Jahr 2019 fast verdreifacht. Die Coronakrise hat den Boom jäh unterbrochen.

3) Kolonialisierung war von der Antike bis Anfang 20. Jahrhundert ein strategisches Ziel vieler europäischer Nationen. Ihre Logistik basierte auf der Schifffahrt.
4) Wasser war immer auch ein Schlachtfeld. 480 v. Chr. fand bei der Insel Salamis die erste große Seeschlacht der Geschichte statt. Die griechische Flotte soll aus 378 Schiffen bestanden haben.[14] Im 16. Jahrhundert eroberte Portugal die Vormachtstellung, was auf eine technische Innovation zurückzuführen war: Die portugiesischen, speziell für Entdeckungsfahrten entwickelten Karavellen führten Kanonen mit, die an sogenannten Stückpforten an den Breitseiten positioniert waren und die Seekriegführung revolutionierten.[15] Rechtssicherheit war in der Geschichte der Zivilisation ein eher seltenes Gut, besonders auf den extraterritorialen Weltmeeren. «Der Aufstieg Englands, Frankreichs und der Niederlande zu bedeutenden Seefahrtsnationen und Kolonialmächten begann mit einer schrankenlosen Seeräuberei dieser drei Staaten. … Die Folge war, dass sich um die Güterströme im Freiraum der Ozeane ein permanenter Seekrieg entwickelte, an dem sich schließlich alle seefahrenden Nationen Europas mehr oder weniger beteiligten.»[16] Offiziell nannte man es Freibeuterei. Zu deren Legitimation wurde dem Kapitän eines Freibeuterschiffes ein Kaperbrief ausgestellt. Die Entlohnung der Crew war oft ausschließlich erfolgsabhängig und bestand aus einem Anteil an der Beute, der sogenannten Prise. Selbst der berühmte Francis Drake, Vizeadmiral und erster englischer Weltumsegler, startete seine Karriere als Freibeuter, ausgestattet mit einem Kaperbrief von Königin Elizabeth I. Diese «Taten schufen die Grundlage dafür, dass aus einer der ärmsten und überwiegend noch agrarisch strukturierten Nation des frühneuzeitlichen Europas ein weltumspannendes, auf Seemacht gründendes Empire wurde.[17]»
5) Gewässer waren zu allen Zeiten eine wichtige Nahrungsquelle für die Menschheit, und für den Fischfang braucht es Schiffe.

Die Fischerei auf den Weltmeeren nimmt immer noch zu, obwohl die Fangzahlen stagnieren. Eines der großen Probleme dieser Welt ist die Überfischung der Meere.

In der weltweiten OD-Matrix hat die Schifffahrt noch immer ein überragendes Gewicht. Die Handelsschifffahrt ist stärker denn je. Im unablässig wachsenden Freizeitmarkt spielt die Passagierschifffahrt eine wichtige Rolle. Die Weltmeere sind ein potenzieller Kriegsschauplatz geblieben. Kaum war der Brexit vollzogen, hat Großbritannien in alter imperialer Manier einen Flugzeugträger in den Indischen Ozean entsendet. Beim Brexit zeigte sich auch, wie emotional das Thema Fischfang immer noch ist. Einzig die Kolonialisierung ist als unmittelbarer Zweck der Schifffahrt verschwunden.

Im Zweiten Weltkrieg begannen US-amerikanische Reeder ihre Schiffe unter der Flagge des neutralen Panama zu betreiben, »um das eigene Neutralitätsgesetz zu umgehen, das Schifffahrt zu den Häfen Krieg führender Staaten verbot …«[18] Schon bald zeigte sich, dass mit der Ausflaggung die Kosten erheblich gesenkt werden konnten, weil man damit Steuern sparen und Regulierungen im eigenen Land umgehen konnte. Heute fährt etwa ein Drittel der Welthandelsflotte unter den Flaggen von Panama und Liberia.[19] Auch die boomende Kreuzfahrtindustrie reizt alle Möglichkeiten zur Kostensenkung via Ausflaggung aus.

1966 wurde in Rotterdam erstmals ein Containerschiff gelöscht. Zur gleichen Zeit begann man mit der Aufschüttung der künstlichen Insel Maasvlakte, die zwischen 2008 und 2013 nochmal großflächig erweitert wurde und heute aus sieben Hafenbecken besteht. 2020 wurden im mittlerweile größten Containerhafen Europas 14,3 Millionen TEU umgeschlagen. Selbst im Coronajahr nahm die Menge kaum ab. Im Hafen Antwerpen waren es 12 Millionen TEU, sogar etwas mehr als im Vorjahr. Der Containerverkehr wächst nicht nur mit der Menge des globalen Güterumschlags, es werden auch immer mehr Güter per Container verfrachtet. Damit erhält der Hinterlandverkehr eine immer größere Bedeutung. Holland plante deshalb schon früh den Bau einer Bahnverbindung zur Maasvlakte. Die Betuweroute – die einzige in der jüngeren Zeit ausschließlich für den Güterverkehr gebaute Neubaustrecke Europas – wurde 2007 in Betrieb genommen. Ein erheblicher Teil des Hinterlandverkehrs wird über die Binnenschifffahrt abgeführt, in Holland mit einem Anteil von 44,7 Prozent an der gesamten Transportleistung. Das für die Binnenschifffahrt bedeutendste Gewässer Europas ist der Rhein mit über 30 Häfen zwischen Rotterdam und Basel. 2019 erbrachten die Rheinstaaten (Belgien, Frankreich, Deutschland, Luxemburg, Niederlande, Schweiz) 82 Prozent der gesamten Verkehrsleistungen in der Binnenschifffahrt der EU.[20]

Eine der für die Schifffahrt wichtigsten Neuerungen war die Ablösung der Kohle durch Schweröl. Als Abfallprodukt aus der Raffination von Erdöl ist Schweröl kostengünstig, hat aber einen hohen Emissionsgehalt. 2,5 Prozent aller weltweiten CO_2-Emissionen werden durch den internationalen Seeverkehr verursacht, 13 Prozent der Schwefeloxide und 15 Prozent der Stickoxide. Dazu kommen große Mengen von Ruß und Feinstaub. Abgasreinigungen, wie sie beim Auto seit Jahren vorgeschrieben sind, gibt es in der Hochseeschifffahrt kaum. Immerhin hat die Internationale Schifffahrtsorganisation IMO den Schwefelgehalt in Schiffstreibstoffen ab 2020 von 3,5 auf 0,5 Prozent gesenkt. Im Pariser Klimaschutzabkommen war die Schifffahrt ausgespart. Trotzdem haben sich 2018 173 Länder der IMO auf ein Klimaziel geeinigt: Bis 2050 sollen die Treibhausgasemissionen der internationalen Schifffahrt im Vergleich zu 2009 um 50 Prozent gesenkt werden. Diese Ambitionen sind das Ergebnis eines Kompromisses. Einige EU-Staaten wollten weiter gehen, einige Schwellenländer stellten sich dagegen. Die USA und Saudi-Arabien stimmten dem Abkommen nicht zu.[21]

Die Umsetzung ist weniger ein technisches als ein Kostenproblem. Welche Maßnahmen auch immer ergriffen werden: Im

Vergleich mit dem archaischen Einsatz von Schweröl wird es teurer. Fortschritte in der Emissionsbilanz könnten auf kürzeste Frist mit dem Einsatz von Schiffsdiesel, Gas, LNG (Liquefied Natural Gas), synthetischen Treibstoffen oder mit Abgasreinigungen erzielt werden. In einer Werft in New York ist ein Riesentanker im Bau, der mit grünem Ammoniak treibhausgasneutral betrieben werden soll. Maersk, die weltweit größte Reederei, will bis 2050 die ganze Flotte CO_2-neutral machen. Als größte Herausforderung könnte sich dabei das Henne-Ei-Problem herausstellen: Es muss nicht nur in neue Antriebssysteme auf den Schiffen investiert werden, sondern auch in die Hafenanlagen.[22]

Die Schifffahrt ist der einzige Verkehrsträger, der vom Klimawandel direkt betroffen ist. In den nächsten Jahrzehnten wird der Wasserhaushalt durch den ansteigenden Meeresspiegel und das Abschmelzen der Gletscher geprägt werden. Die Folgen für die Binnenschifffahrt packt die *Neue Zürcher Zeitung* in die Headline «Aus dem Rhein wird ein Bach». Das ist wohl zugespitzt, aber die Binnenschifffahrt muss sich auf längere Niedrigwasserperioden einstellen.[23]

Drei Faktoren lassen zumindest eine Reduktion des ungezügelten Wachstums der kommerziellen Schifffahrt erwarten: 1) Die Coronakrise und auch Havarien wie die des Tankers «Ever Given» im Suezkanal haben die Fragilität der Lieferketten und die damit verbundenen Risiken deutlich gemacht; 2) die Fortschritte in der Robotik und der künstlichen Intelligenz begünstigen eine Reallokation der Produktion in den Ursprungsländern; 3) höhere Frachtpreise schwächen die Nachfrage.

Eisenbahn

Wir haben gesehen, in welchem Ausmaß und mit welcher Geschwindigkeit China seine Bahn entwickelt. Nicht nur Infrastruktur und Angebot wurden massiv ausgebaut. Der chinesische Schienenfahrzeughersteller CRRC ist heute der weltgrößte Produzent von Eisenbahn-Rollmaterial. Immer mehr wird die Eisenbahn zum Rückgrat der Mobilität in diesem Land der großen Menschenmassen und Distanzen. China hat die strategische Entscheidung, in Zukunft auf die Bahn zu bauen, vor Jahrzehnten gefällt, aus praktischen und damals noch nicht umweltpolitischen Gründen. Wenn China so stark auf die Bahn setzt, kann es keinen Zweifel geben: Die Eisenbahn ist ein Verkehrsmittel der Zukunft.

In Europa brauchte es für diese Erkenntnis den durch die Klimakrise ausgelösten Handlungsdruck. Nun setzte sich auch hier die Auffassung durch, dass die Eisenbahn für eine nachhaltige Mobilität unverzichtbar ist. Das kommt im Koalitionsvertrag der deutschen Regierung für die 19. Legislatur zum Ausdruck: Das Kapitel über den Schienenverkehr ist so lang wie nie zuvor. Das Schienennetz und die Stationen werden als Teil der öffentlichen Daseinsvorsorge bezeichnet. Entscheidungen über die Bahninfrastruktur sollen durch den Bund frei von Gewinninteressen privater Dritter gefällt werden. Das Ziel ist ungemein ehrgeizig: Bis 2030 sollen doppelt so viele Bahnkundinnen und -kunden gewonnen werden. Die Vorgaben für die Bahnunternehmen, allen voran die DB, sind unmissverständlich: Pünktlichkeit, guter Service, hohe Qualität. Zu diesem Zweck soll der «Deutschlandtakt» vorangetrieben werden.

In Österreich hat die erste Regierungskoalition mit grüner Beteiligung in einer ihrer ersten Amtshandlungen das Ministerium für Verkehr, Innovation und Technologie in ein Ministerium für Klimaschutz umgetauft. Auch hier soll die Bahn in der künftigen Verkehrspolitik eine zentrale Rolle spielen. Die langfristige Infrastrukturplanung wurde neu aufgesetzt. Um den Bahnverkehr kurzfristig zu beleben, sollen nach Schweizer Vorbild günstige Netzkarten angeboten werden.

«Für den Transport der wachsenden Menschenmassen zwischen den Städten sowie der Pendler ist kein Verkehrsträger in Sicht, der sich mit der Bahn messen könnte.»[24] Engmaschige

Netze, hoher Durchsatz, in vielen Verkehren konkurrenzlos schnell, flächen- und energieeffizient, mit vergleichsweise guter CO_2-Bilanz (unter der Voraussetzung, dass Energie aus erneuerbaren Quellen eingespeist wird) – diese Faktoren verschaffen der Bahn strategische Bedeutung. Der Trend, das Auto zunehmend aus den Städten zu verdrängen, verstärkt ihre Stellung. Zusätzlichen Auftrieb erhielt die Eisenbahn im Jahr 2019 durch die von der Jugend der Welt ausgelöste Klimabewegung, die vielerorts die politische Landschaft grüner machte.

Bei allem Optimismus darf man einige Systemeigenschaften des Personenverkehrs auf der Schiene nicht außer Acht lassen. Das wichtigste Instrument zu seiner Gestaltung ist der Produktionsplan. Eckpunkte für seine Erstellung sind das bestehende Streckennetz, die Haltestellen und technischen Fahrzeiten. Das Endprodukt sind Weg-Zeit-Diagramme mit allen Zuggattungen, den schnellen Personenzügen, den Regionalzügen mit all ihren Haltepunkten und den langsamen Güterzügen. Diese Zugläufe gilt es in den Knotenbahnhöfen optimal zu verknüpfen und gleichzeitig die Streckenkapazität voll zu nutzen. Das Endprodukt definiert den Fahrplan für die Kundinnen und Kunden. Oberstes Ziel ist «Fahren auf dem Strich» (wie im Produktionsplan vorgesehen). Wenn das gelingt, sind die Züge pünktlich und die Kosten am niedrigsten. Nur wird der Bahnbetrieb immer wieder durch interne Pannen und externe Einflüsse gestört. Die Auswirkungen dieser Störungen bleiben nicht wie auf einer Autobahn lokal begrenzt, sondern können sich rasch auf große Netzteile auswirken. Daher ist Störungsmanagement die Hauptaufgabe der Betriebsleitzentralen.

Grundsätzlich gibt es zwei alternative Methoden der Produktionsplanung: 1) der sogenannte gewachsene Fahrplan; 2) der Taktfahrplan. Beide haben Vor- und Nachteile. (In der Realität finden sich auch Mischformen.)

1) Der gewachsene Fahrplan hat die Eisenbahn während des größten Teils ihrer Geschichte geprägt. Die Zugläufe werden der Nachfrage angepasst. Zu den Stoßzeiten ist der Fahrplan dichter, in den Randregionen ist er generell ausgedünnt, an den Wochenenden wird er auf den Freizeitverkehr ausgerichtet. Seine Vorteile bestehen aus einer relativ hohen Auslastung der Züge sowie Flexibilität bei der Planung von Zuganschlüssen. Nachteilig sind eine geringere Produktivität des Rollmaterials und eine durch die Unregelmäßigkeit bewirkte geringere Merkbarkeit der Fahrpläne für die Kundinnen und Kunden (was jedoch im Zeitalter der Fahrplan-Apps kaum mehr ins Gewicht fällt).
2) Die Produktionspläne im urbanen Schienenverkehr waren schon immer nach dem Prinzip des Taktfahrplans aufgebaut. Ob Straßenbahn, U-Bahn oder S-Bahn, das Merkmal ihrer Fahrpläne sind relativ enge, gleichbleibende Intervalle, allenfalls reduziert in den Randzeiten und an Wochenenden. Ein netzweiter Taktfahrplan in einem nationalen Bahnnetz wurde erstmals in den Niederlanden realisiert. 1982 führten auch die SBB auf dem ganzen Netz den Stundentakt ein. Damit wurde der Produktionsplan für einen Tag durch einen sich ständig wiederholenden Produktionsplan für eine Stunde ersetzt. Vorteile des Taktfahrplans, auch systematischer Fahrplan genannt, sind die hohe Produktivität des Rollmaterials, eine einfachere Struktur des Produktionsplans und ein einfach merkbares Angebot. Nachteile sind in engem Rhythmus auftretende Spitzenbelastungen beim Strombezug, eine vergleichsweise niedrige Auslastung und in gewissen Fällen seine Systematik: Ein schlechter Anschluss bleibt über den ganzen Tag hinweg ein schlechter Anschluss. Letzteres kann vermieden werden, wenn der Takt auf eine halbe Stunde verdichtet wird und sich die Züge in den Netzknoten kreuzen. Das ist dann der Fall, wenn die Fahrzeiten zwischen diesen Knoten etwas unter einer halben Stunde oder ein Vielfaches davon betragen. Das sind die

Grundzüge des schweizerischen Konzepts Bahn 2000, auch als S-Bahn Schweiz bezeichnet, das in einer Volksabstimmung 1987 genehmigt und im Dezember 2004 umgesetzt wurde. Um die notwendigen Fahrzeiten zu erreichen, wurden 135 Bauprojekte auf dem ganzen Netz, darunter eine Neubaustrecke, realisiert. Die Gesamtinvestition betrug rund 6 Milliarden Franken. Seither gilt in der Schweiz: von überall nach überall jede Stunde, in vielen Relationen jede halbe Stunde (oft auch mit Busverbindungen). Erst damit ist der öffentliche Verkehr im ganzen Land zu einer echten Alternative geworden. Eine Grundversorgung mit einer solchen Angebotsdichte ist eine teure Angelegenheit und daher eher in kleinräumigen Verhältnissen realisierbar.

In den ersten sechs Jahren nach der Einführung des neuen Fahrplankonzepts nahm die Verkehrsleistung im Personenverkehr um 6 Prozent pro Jahr zu. Dann flachte der Anstieg ab. Nach 15 Jahren beträgt die durchschnittlich jährliche Zuwachsrate 3 Prozent. Seit 1987, dem Jahr der Volksabstimmung über Bahn 2000, hat sich die Zahl der gefahrenen Personenkilometer verdoppelt. Dies zeigt, dass eine Verdoppelung des Bahnverkehrs in knapp zehn Jahren wie im deutschen Koalitionsvertrag anvisiert, dazu noch ohne erkennbares Konzept, illusorisch ist.

Nach der Einführung von Bahn 2000 sank die durchschnittliche Sitzplatzbelegung zunächst und erholte sich langsam. 2019 betrug sie im Reiseverkehr der SBB 28,9 Prozent. Das scheint paradox niedrig, waren doch überfüllte Züge gerade in diesem Jahr ein Dauerthema. Selbst bei der WESTbahn stieg die maximale Auslastung im Verkehr zwischen Wien und Salzburg mit einem Halbstundentakt nicht über 50 Prozent. Tatsächlich ist eine niedrige Auslastung für die Bahn europäischen Zuschnitts ein genuines Problem: 1) weil ein Zug kaum je wie ein Flugzeug von Punkt zu Punkt fährt, sondern auch Zwischenstationen bedient; 2) weil die Auslastung auf Strecken in peripheren Regionen mangels

Nachfrage niedrig ist; 3) weil viele Verkehre unpaarig sind; 4) weil die Kapazität auf die ausgeprägten Verkehrsspitzen am Morgen und frühen Abend ausgerichtet wird. Daher führt jede Taktverdichtung zunächst zu einer Verschlechterung der Auslastung. Ein hohes Niveau der Grundversorgung hat einen hohen Preis.

Der Personenverkehr auf der Schiene bedingt immer eine Transportkette. Eine entscheidende Rolle spielt dabei die Erreichbarkeit der Stationen. Der Weg zur Haltestelle und von der Haltestelle zum Ziel verlängert die Reisezeit. Dieser Effekt wird durch jeden Umsteigevorgang im Netz verstärkt. Im Nahverkehr, der meist konzentrisch strukturiert ist, kann sich das besonders nachteilig auswirken. Nur sehr große Städte können sich Ringverbindungen leisten. Nun hat sich eine erfreuliche Dynamik von Initiativen entwickelt, die unter dem neuen Begriff Mikromobilität firmieren. Alle diese Ansätze wollen die *first* und *last mile* beschleunigen.

Im Gefolge der Klimakrise wird weithin erwartet, dass die Bahn in der Lage ist, große Teile des innereuropäischen Luftverkehrs zu übernehmen. Das wird jedoch durch den europäischen Flickenteppich von Zugssteuerungs- und Stromsystemen erschwert. Interoperabilität ist seit gut 30 Jahren ein Schlüsselbegriff der zuständigen Gremien der EU, ein substanzieller Fortschritt konnte bislang nicht verzeichnet werden. Trotz großer Investitionen wurden die in einem Weißbuch 2011 gesetzten Ziele für den internationalen Verkehr nicht im Ansatz erreicht. In der Tat hat der internationale Bahnverkehr ein hohes Steigerungspotenzial. Die deutsche EU-Ratspräsidentschaft hat die Initiative zur Stärkung des grenzüberschreitenden Hochgeschwindigkeits- und Nachtverkehrs auf der Schiene ergriffen. Anlässlich einer virtuellen Veranstaltung der Verkehrsminister der Gemeinschaft im September 2020 wurde ein entsprechendes Konzept diskutiert. Mit einem Schreiben vom 17. November 2020 unterbreitete der deutsche Verkehrsminister seinen Kolleginnen und Kollegen eine Absichtserklärung für die Umsetzung eines neuen Trans Europ

Express, die Schaffung eines durchgängigen Netzes von Hochgeschwindigkeits- und Nachtzugverbindungen zwischen den Hauptstädten und den wirtschaftlichen und kulturellen Zentren Europas unter dem Label TEE 2.0. Diese Züge sollen in einem «Europatakt» verkehren und mit einem EU-Förderprogramm unterstützt werden. Gleichzeitig soll eine interoperable Buchungsplattform entwickelt werden.

Diese Initiative enthält einen nostalgischen Kern. Unter der Marke TEE fuhren von 1957 bis 1987 dieselbetriebene oder mehrstromfähige Züge durch Europa. Zum Beispiel der Triebzug RAe TEE II der SBB, wunderschön designt, mit 294 Sitzplätzen, ausschließlich 1. Klasse, einer Bordküche und einem Speisewagen. Kommerziell erwies sich das Konzept als Desaster: Das Image der Bahn passte nicht zu einem High-End-Produkt und der Zug verfügte über zu wenige Sitzplätze, um auch nur annähernd einen profitablen Betrieb zu erreichen. Diese TEE-Züge waren schlicht nicht wesensgerecht.

Ein zweiter alter Bekannter erlebt zurzeit eine Auferstehung: der Nachtzug. Ende der 1980er-Jahre lancierten die DB, ÖBB und SBB unter der Marke City Nightline ein Nachtzugkonzept mit neuen, doppelstöckigen Wagen. Kurz danach tauchten die Billig-Airlines auf, und die Businesspläne sowohl des neuen Produkts wie auch der bestehenden Nachtzüge wurden zur Makulatur. Der Nachtzug verlor zunehmend an Bedeutung und viele Bahnen gaben das Angebot auf. Die Klimajugend verhalf ihm zu einer neuen Popularität. In Zeiten der Klimakrisen wird argumentiert, Nachtzüge seien das einzig vernünftige Verkehrsmittel, um längere Distanzen zurückzulegen. Die erste, die auf der neuen Welle surft, ist die Österreichische Bundesbahn (ÖBB, die sich übrigens seinerzeit als erste Bahn von der City Nightline verabschiedet hatte). Ihr Angebot heißt nun Nightjet und wird vom Staat subventioniert. Die SBB haben ebenfalls deklariert, wieder in das Geschäft mit Nachtzügen einsteigen zu wollen, sofern das Angebot subventioniert wird (was umgehend zu geharnischten

Reaktionen der Car- und Flugbranche führte). Nachtzugverbindungen sind auch ein Bestandteil des von der deutschen EU-Präsidentschaft lancierten Zukunftskonzepts, allerdings unter der Voraussetzung, dass sie eigenwirtschaftlich betrieben werden. Die Gesellschaft für Rationale Verkehrspolitik setzt dazu ein Fragezeichen:

> «Die wirtschaftliche Herausforderung zusätzlicher Nachtzüge ist nicht zu unterschätzen: Schlafplätze können nur einmal pro Fahrt verkauft werden, während im TEE 2.0 ein Sitzplatz für Teilrelationen mehrfach vermarktet werden kann und der Platzbedarf pro Fahrgast ist im Nachtzug deutlich größer.»[25]

Der Nachtzug ist zu einem Symbol der Klimabewegung geworden. Die Frage, ob dieses Angebot wesensgerecht ist, muss auch hier gestellt werden. Eine erste Antwort: Der klassische Nachtzug ist es aus zwei Gründen nicht: 1) Das teure, schwere Rollmaterial wird ausschließlich in der Nacht eingesetzt und steht dann den ganzen Tag auf dem Abstellgleis; 2) sein Durchsatz ist zu niedrig, sprich: in dem schweren, teuren Rollmaterial werden relativ wenige Menschen transportiert. Eine zweite Antwort: Ja, wenn dafür neues, innovatives Rollmaterial entwickelt wird, das für den Tagesverkehr umgerüstet werden kann und sowohl für den Nacht- wie für den Tagesverkehr über eine maximale Anzahl Liege- und Sitzplätzen verfügt. Entsprechende Rollmaterial-Konzepte gibt es. Wenn es die EU mit dem Kriterium der Eigenwirtschaftlichkeit ernst meint, müssen sich die Bahnen vom klassischen Nachtzug verabschieden.

Der Schienenverkehr hat in seiner bald 200-jährigen Geschichte viele Hochs und Tiefs erlebt. Aber noch nie wurde ein Hoch in derart brutaler Weise von einem Tief abgelöst wie zurzeit. Was vorher ein Trumpf war – viele Menschen in einem Zug –, wurde durch die Pandemie über Nacht zu einem Stigma.

Nicht mehr die Zukunft steht bei den Bahnunternehmen gerade im Vordergrund, sondern die Sicherung der Liquidität.

> «Es hat viele Vergleiche zwischen Corona und Klimakrise gegeben – oft waren sie wenig produktiv. Wichtig scheint mir vor allem ein Unterschied. Corona wird uns nicht beliebig lange beschäftigen. … Es gibt eine Lösung, es gibt eine Zeit danach. Nichts dergleichen ist beim Klima in Sicht.»[26]

Deshalb müssen die Bahnunternehmen so durch die Krise navigieren, dass sie ihre Zukunftsfähigkeit nicht verlieren. Das abgedroschene Wort gilt auch hier: Die Krise ist auch eine Chance. Die Bahnen sind gezwungen, sich wieder auf das Kerngeschäft zu konzentrieren und Projekte noch strikter nach Maßgabe ihres Verhältnisses von Grenzkosten zum Grenznutzen zu selektionieren.

Fahrrad, Velo, Rad

«Ohne das Fahrrad wäre das Leben ein Irrtum.»[27] Sagt der Philosoph.

Das Jubiläum 200 Jahre Fahrrad wurde schon zelebriert, obwohl das Gerät erst 1888 zum Durchbruch ansetzte, als der Luftreifen erfunden wurde. Das damals Velociped genannte Gerät wurde zu einem praktikablen Verkehrsmittel, das weiten Teilen der Bevölkerung einen größeren Bewegungsradius und Unabhängigkeit verschaffte. Im Zug der Verdeutschung von Fremdwörtern fand sich im Duden 1900 erstmals der Begriff «Fahrrad», während sich in der mehrsprachigen Schweiz «Velo» gehalten hat. Innert kurzer Zeit wurde es zu einem europäischen Volksvehikel.[28] Das Velo durchdrang alle Lebensbereiche: Arbeit, Tourismus und Sport. Bereits 1903 fand die erste Tour de France statt, ihr Mythos hat sich bis heute gehalten. Das Fahrrad ist zum Rad geworden. Dass sich ein derart allgemeiner Begriff zum Gattungsbegriff entwickelt hat, zeigt, wie bedeutend dieses Transportmittel ist.

Für die Generation meiner Eltern war es üblich, nach Arbeitsende am Samstag die Skier aufs Velo zu schnallen und in die Berge zu fahren. Hermann Buhl setzte sich im Juli 1952 an einem Freitagabend auf den Fahrradsattel und fuhr von Landeck nach Promontogno im schweizerischen Bergell, bestieg als Erster die Nordostwand des Piz Badile im Alleingang und fuhr am Sonntag die 160 Kilometer wieder zurück. Kurz darauf bezwang er als Erster den 8125 Meter hohen Nanga Parbat, ebenfalls im Alleingang.

Wenig später eroberte das Auto in Europa den oberen, dann den mittleren und schließlich den unteren Mittelstand. Im Bestreben, die autogerechte Stadt zu verwirklichen, wurde das Fahrrad zunehmend an den Rand gedrängt.

Mit dem wachsenden Autoverkehr nahm die Anzahl der Unfälle und der dadurch verursachten Todesfälle stark zu. 1971 kamen in den Niederlanden 3300 Menschen, davon 400 Kinder, bei Verkehrsunfällen ums Leben. Das bewog die niederländische Regierung, ein Maßnahmenpaket zur Stärkung des Fahrradverkehrs zu starten. Eckpunkte dieser Maßnahmen waren: Priorität für den Radverkehr (auch bezüglich Raumverteilung), Aufbau eines Netzes von getrennten Radwegen (für das Schulkind bis zur Oma gleichermaßen befahrbar), Schaffung von Veloabstellplätzen, insbesondere im Umfeld von Bahnhöfen und ein landesweites Orientierungssystem für Radfahrer. Ähnliche Initiativen wurden gleichzeitig in Dänemark verfolgt.

In den vergangenen 50 Jahren wurden die Maßnahmen in den Niederlanden systematisch umgesetzt und das System wird laufend weiter optimiert. Kopenhagen veröffentlicht periodisch einen *Bicycle Account*, in dem über das Erreichen der ehrgeizigen Ziele berichtet wird. So sollen bis ins Jahr 2025 mindestens die Hälfte aller Wege zur Arbeit oder zur Ausbildung mit dem Velo gefahren werden. 2016 betrug dieser Wert 41 Prozent, 2018 waren es 49 Prozent. Bezogen auf sämtliche Wege beträgt der Veloanteil

28 Prozent, der des Autos 32 Prozent. Bis 2025 soll dieser auf 25 Prozent gedrückt werden. Die Ziele beschränken sich nicht nur auf Verkehrsanteile. Die anspruchsvollste Vorgabe für 2025 betrifft die Sicherheit. Bis dahin soll es keine schweren Fahrradunfälle mehr geben. Das Monitoring ist differenziert und beinhaltet unter anderem die mittlere Geschwindigkeit, die Zufriedenheit mit den Abstellplätzen und den Einfluss der Fahrradkultur auf das städtische Leben. Mit Ausnahme der Zufriedenheit mit den Abstellplätzen entwickeln sich alle Messgrößen positiv.

Die jüngste Initiative in der dänischen und niederländischen Fahrradpolitik ist die Schaffung von Cycle Superhighways zwischen den Städten. Das ist eine Folge des zunehmenden Anteils von E-Bikes, die den Radius im Fahrradverkehr deutlich erweitern. Bis zum Jahr 2045 sollen in Dänemark 746 Kilometer neue Radschnellwege entstehen. Das sei eines der profitabelsten Infrastrukturprojekte des Landes. In Dänemark verfügen jedoch bereits heute viele Überlandstraßen über Fahrradwege, die durch einen Grünstreifen von der Autostraße abgetrennt sind. Besonders anspruchsvoll ist die Bereitstellung einer genügenden Anzahl Abstellplätze. Die Dimensionen sind gewaltig. Im niederländischen Groningen wurde ein vollautomatisches Veloparkhaus mit 10 000 Abstellplätzen gebaut. Amsterdam plant neue Plätze für 21 000 Fahrräder. Utrecht hat seit 2011 100 000 zusätzliche Stellplätze geschaffen. Diese Abstellanlagen müssen bewirtschaftet werden. Dazu kommt die Entsorgung von wild parkierten und aufgegebenen Velos. In Kopenhagen belegen aufgegebene Velos 14 Prozent der Abstellplätze. Ein heikles Problem ist die Frage einer Tarifierung der Veloparkplätze. Der Anspruch auf einen Gratisabstellplatz gehört zur Kultur der Radfahrenden. In einer neu erstellten Velostation in Zürich kostet das Parkieren eines Velos 2 Franken am Tag, eine Jahreskarte 180 Franken, mit dem Ergebnis, dass die Plätze kaum genutzt werden. Dass hier ungelöste Probleme schwelen, zeigen Befragungen der Radfahrerinnen und Radfahrer in Kopenhagen.

Seit den kühnen Entscheidungen für eine offensive Fahrradpolitik in Dänemark und den Niederlanden sind 50 Jahre vergangen. Seither hat sich in beiden Ländern eine ausgeprägte Fahrradkultur entwickelt. Das Velo wurde zum Symbol für Freiheit, Aktivität und Gesundheit. Radfahren ist nicht cool, es ist eine Selbstverständlichkeit. Wer als Mitteleuropäer die Gelegenheit hat, in einer holländischen oder dänischen Großstadt Velo zu fahren, staunt über mancherlei. Über die gewaltigen Massen an Radlerinnen und Radlern. Über ihre Haltung auf dem Rad: aufrecht, weil der Lenker höher ist als der Sattel. Über ihre Gelassenheit. Dass nebeneinander gefahren wird. Dass kaum jemand einen Helm trägt.

Das in Kalifornien erfundene Mountainbike begann sich in den 1980er-Jahren auch in Europa zu verbreiten. Bald wurden mehr Mountainbikes verkauft als andere Fahrradtypen. Das Mountainbike löste einen Trend zur technologischen Erneuerung des Fahrrads aus: neue Federungssysteme, Schaltsysteme, Bremssysteme, Getriebe, Riemenantrieb – ein Ende der Entwicklung ist nicht absehbar. Aus dem Mountainbike entstanden das Trekkingbike und das Citybike. Die Elektrifizierung des Fahrrads hat dieser Entwicklung einen weiteren Schub verliehen. All das hat dazu geführt, dass für manche Fahrräder Preise verlangt werden, für die man auch einen Kleinwagen erstehen könnte. Seit 1980 hat sich die weltweite Fahrradproduktion verdoppelt, ihr Volumen wird weltweit auf 29 Milliarden Dollar geschätzt.[29] Das Velo ist zum Lifestyle-Gerät mutiert. In Deutschland, Österreich und der Schweiz verfügen mehr als zwei Drittel aller Haushalte über ein Fahrrad. «Die Fahrradfritzen sind erwachsen geworden», kommentierte die *Neue Zürcher Zeitung* diesen Aufstieg «zu einer veritablen Industrie», was dazu geführt habe, dass Velofahrer zahlreicher und anspruchsvoller geworden sind.[30]

Trotzdem hat es Jahrzehnte gedauert, bis das Beispiel von Dänemark und den Niederlanden in Mitteleuropa wahrgenommen wurde. Seither ist das Interesse massiv gestiegen und beide Länder haben entdeckt, dass ihre Fahrradpolitik ein gesuchter Exportartikel ist. Schlagendes Beispiel dafür ist das neue Verb «to copenhagenize» als Label für die Stoßrichtung von Veloinitiativen. Tatsächlich ist der Stellenwert des Fahrradverkehrs in den meisten EU-Ländern und der Schweiz bescheiden. Während Mitte der 2010er-Jahre in Holland 36 und in Dänemark 23 Prozent der Bevölkerung regelmäßig Rad gefahren sind, waren es in Deutschland 12, in der Schweiz 8 und in Österreich 6 Prozent.[31]

Man begründet den Unterschied damit, dass Holland und Dänemark eine fahrradtaugliche Topografie haben. Außerdem herrsche dort eine ausgeprägte Velokultur. Doch diese Kultur liegt nicht in den Genen der Dänen und Holländer. Es ist das Resultat der seit 50 Jahren konsequent betriebenen Politik. In dieser Zeit haben sich ideologische Fronten zu pragmatischen Haltungen gewandelt.

In Deutschland wurde 2002 ein erster nationaler Radverkehrsplan beschlossen und seither schrittweise umgesetzt. 2012 folgte der nationale Radverkehrsplan 2020, der auch quantitative Ziele enthält. In Österreich legte das Ministerium für Verkehr, Innovation und Technologie das Fahrradpaket 2012 auf. Die Schweiz ließ sich mehr Zeit. Der Anstoß kam nicht vom Verkehrsministerium, sondern durch eine 2015 von politischen Parteien und Verbänden eingereichte Volksinitiative, die den Staat verpflichten wollte, den Veloverkehr zu fördern. Diese Pflicht ging dem Parlament zu weit, es erarbeitete einen Gegenvorschlag, der die Bundesverfassung mit folgendem Passus ergänzt: «Der Bund legt Grundsätze über Fuß-, Wander- und Velowegnetze fest.» Das Stimmvolk genehmigte die Verfassungsänderung mit 74 Prozent Zustimmung. Bemerkenswert sind zwei Dinge: Das Fahrrad hat nun Verfassungsrang und das Wort «Netz», das man dahingehend interpretieren kann, dass es um den Aufbau einer neuen Infrastruktur geht. Im Mai 2020 wurde ein Bundesgesetz über die Velowege in eine Vernehmlassung geschickt. In den Erläuterungen wird der Netzaspekt hervorgehoben:

> «Um das Potential des Veloverkehrs verstärkt zu nutzen, ist ein zusammenhängendes und durchgehendes sowie direktes, sicheres und nicht zuletzt attraktives Velowegnetz entscheidend.»

Viele Städte haben in den letzten Jahren Veloinitiativen lanciert. Zum Beispiel die Stadt Bern, die 2015 verkündete, Velohauptstadt der Schweiz zu werden. Sie hat sich zum Ziel gesetzt, den Verkehrsanteil des Velos von 11 Prozent bis zum Jahr 2030 auf 20 Prozent zu erhöhen. Im Zentrum dieser Velo-Offensive stehen Infrastrukturmaßnahmen und die Schaffung einer Velokultur.

Wenn das so einfach wäre. Kulturen sind fest im kollektiven Unterbewusstsein verwurzelt und äußerst langlebig. Sie zu verändern braucht Zeit, viel Zeit. Und deklarieren kann man sie schon gar nicht. Von einer pragmatischen Haltung sind wir jedenfalls noch weit entfernt. Der Kampf um knappen Raum in den Städten polarisiert. Die Fronten sind klar: auf der einen Seite die bürgerlichen Parteien mit den ihnen nahestehenden Automobilverbänden und dem lokalen Gewerbe, auf der anderen eine starke Fahrradlobby und die Parteien im linken Spektrum. Die Positionen sind unversöhnlich: «Velo und Wahn – die einen fordern drakonische Strafen für ‹Velorowdys›, die anderen erheben das Fahrradfahren zu einer Staatsreligion.»[32] Zur Zementierung der Fronten tragen die täglichen Konfrontationen auf den städtischen Straßen unter dem «Diktat der Rolle» das Ihre bei.

Im ideologischen Grabenkampf wird hemmungslos polemisiert. «Die Velolüge» – unter diesem Titel behauptet einer der bekanntesten Ökonomen der Schweiz: «Der Veloverkehr ist eine für die Allgemeinheit extrem belastende Verkehrsart – weit schlimmer als der Autoverkehr.»[33] Er bezieht sich auf einen Bericht des Bundesamts für Raumentwicklung über die externen Kosten des Verkehrs. Dort werden für den Fuß- und Fahrradverkehr externe Kosten von 14.2 Rappen pro Personenkilometer ausgewiesen, für das Auto sind es nur 7.8 Rappen. Was er unterschlägt: Bei den externen Kosten im Fuß- und Fahrradverkehr handelt es sich ausschließlich um Unfallkosten, die zu einem wesentlichen Teil durch den Autoverkehr verursacht werden. Fast die Hälfte der tödlichen Fußgängerunfälle ereignete sich 2020 auf einem Fußgängerstreifen. Jede und jeder, der häufig mit dem Velo in der Stadt unterwegs ist, kennt die unzähligen Sturzfallen. Die Vermeidung dieser Gefahrenpunkte ist zentraler Bestandteil einer Politik der Fahrradförderung. Die holländische und dänische Erfahrung zeigt: Je besser die Fahrradinfrastruktur und je mehr sie genutzt wird, desto mehr sinken die Unfallkosten.

Auf der anderen Seite des Grabens ist das «Lizenz-Syndrom» verbreitet. Wer aufs Velo steigt, ist ungeschützt und nimmt ein Risiko in Kauf. Man tut es aus verschiedenen Gründen, aber immer im Bewusstsein, sich umweltgerecht zu verhalten. Das verleiht nicht selten eine vermeintliche Legitimation, Rotlichter zu ignorieren, auf Gehsteigen und über Fußgängerstreifen zu fahren und in dunkelster Nacht ohne Licht. Für Zu-Fuß-Gehende sind Radfahrer oft ein Ärgernis. Diese Positionskämpfe sind eine natürliche Folge des Kampfs um knappen Raum. In der Transformation zur Stadt der kurzen Wege gibt es keine Win-win-Situation, es wird Gewinner und Verlierer geben. Was in Zukunft zu erwarten ist, zeigt die erbitterte Auseinandersetzung um die testweise Umwidmung von zwei Autospuren für Velos auf einer zentralen Einfahrtsachse in Zürich. Nach einem weiteren Linksrutsch in Schweizer Städten akzeptiert auch die bürgerliche *Neue Zürcher Zeitung* die Fakten. Parkplätze seien kein Renner mehr, stellt das Blatt leicht resigniert fest, «weil auch Freisinnige Velo fahren».[34] Ein Zeichen, dass wir uns auch in Mitteleuropa in Richtung einer Kultur der Gelassenheit und Selbstverständlichkeit entwickeln?

In der Tat hat das Velo aus physikalischen Gründen enorme Vorteile. Es wiegt wesentlich weniger als die fahrende Person, weshalb man allein mit menschlicher Energie beträchtliche Distanzen zurücklegen kann. Das Fahrrad ist flächeneffizient und hat einen hohen Durchsatz. Eine Ikone der Fotografie aus der Zeit, als in China noch selten Auto gefahren wurde, illustriert das: Ein breiter Boulevard in Beijng, voll belegt mit Hunderten von Radfahrern mit dem Einheitsrad der Marke Flying Pigeon (von dem in China 500 Millionen produziert wurden). Fahrräder kann man günstig erstehen. Fahrradfahren kostet nichts. Im Stadtverkehr ist die Durchschnittsgeschwindigkeit eines Velos vergleichsweis hoch. Auf dem Velo bewegt man sich, was der Gesundheit zugutekommt. CO_2 wird nur bei der Herstellung und Wartung ausgestoßen. Auf der Parkplatzfläche eines Autos kann man sechs Fahrräder abstellen.

Fahrradfahren hat auch Nachteile. Das Risiko, zu verunfallen, ist höher als bei den meisten anderen Verkehrsmitteln, weil man auf dem Rad ungeschützt ist. Auf Steigungen schwitzt man, was bei Nutzfahrten lästig sein kann. Bei Nässe und Kälte macht Radfahren nicht besonders Spaß, obwohl auch hier gilt: Es gibt kein schlechtes Wetter, nur schlechte Ausrüstung. Glatteis ist besonders gefährlich. Weil Fahrräder so handlich sind, werden sie oft gestohlen (am häufigsten übrigens in den Niederlanden).

Das E-Bike erhöht die Reichweite beträchtlich, es verhindert die Transpiration und ist in städtischen Verhältnissen das schnellste Verkehrsmittel überhaupt. Das Aufladen der Batterie braucht elektrische Energie und stößt je nach Energiemix CO_2 aus. Wegen seines Gewichts und digitaler Sicherungssysteme ist das Diebstahlrisiko kleiner. E-Bikes sind wesentlich schwerer und schneller, was den Bremsweg verlängert und das Unfallrisiko erhöht. Vollbremsungen sind kritisch (es ist zu hoffen, dass sich auch beim E-Bike ABS durchsetzt). In der Schweiz haben sich die Unfälle mit E-Bikes von 2015 bis 2019 mehr als verdoppelt. Mehr als die Hälfte davon sind durch hohes Tempo und unterschätzten Bremsweg ausgelöste Selbstunfälle.

Das Coronavirus hat dem Fahrrad einen unerwarteten Schub verliehen. Monatelang gab es im Fahrradhandel Lieferengpässe und Wartezeiten bei der Wartung. Man spricht von einer Fahrradrevolution in Europa. Überall wurden kurzfristig Verkehrsflächen zu Radwegen umgewidmet. Oft provisorisch, oft mit der Idee, das Provisorium in eine definitive Lösung zu überführen. In Spanien und Italien, Ländern, in denen bislang nur die Armen im Alltag Fahrrad fuhren, wurde das Fahrrad quasi über Nacht chic. «Auch die Piazza Venezia ist kaum wiederzuerkennen. Glich sie früher für Velofahrer einem der von Dante beschriebenen Höllenkreise, fügt man sich heute problemlos in den Kreiselverkehr ein, ohne darin gefangen zu bleiben.»[35] So schnell kann es gehen, man muss nur wollen.

Das Fahrrad ist in städtischen Verhältnissen ein ausgesprochen wesensgerechtes Verkehrsmittel. Die Beispiele von Holland und Dänemark zeigen, was man mit einer gezielten Förderung erreichen kann. Aber auch wie viel Zeit es braucht, um eine fahrradgerechte Infrastruktur zu errichten. Ein erklärtes Ziel sollte man von Holland und Dänemark übernehmen: keine schweren Unfälle mit dem Fahrrad. Vor einer Illusion sollte man sich hüten: Man wird nie alle Konflikte vermeiden können. Deshalb ist die Kultur so wichtig: eine Kultur der gegenseitigen Rücksichtnahme mit einer klaren Priorität für die Schwächeren vor den Stärkeren: Fußverkehr vor Radverkehr und Radverkehr vor Autoverkehr.

Auto

«Ist das Auto am Ende seiner Geschichte angekommen?»[36] Wenn ein führendes Magazin im Autoland Deutschland ein Interview mit dieser Frage beginnt, dann ist etwas ins Rutschen geraten. Selbst wenn man weiß, dass Provokation zum Stilmittel des Blatts gehört. Die beiden interviewten Kontrahenten vertraten gegenteilige Ansichten. «Das Auto muss sein Ende finden», so der eine, «Das ist nicht in Sicht», der andere. Radikale Autogegner kommen noch direkter zur Sache: «Es geht darum, die vollständige Abschaffung des Automobils als politisches Ziel zu formulieren.»[37] Begründet wird die Forderung mit der «unglaublichen Ineffizienz» des Autos.[38]

Wie sieht die Realität aus? Zum Zeitpunkt der Publikation des *Spiegel*-Interviews, an einem Morgen um 9.30 Uhr, betrug der Congestion Level des TomTom Traffic Index für Berlin 52 Prozent (10 Prozent mehr als im Jahr zuvor), Wien 57 Prozent (21 Prozent mehr), Zürich 30 Prozent (5 Prozent weniger). Und das in den Zeiten von Corona-Einschränkungen mit dringenden Homeoffice-Empfehlungen, Videokonferenzen und heruntergefahrenem öffentlichen Leben.

Das Ende des Autos bleibt ein Wunschtraum radikaler Autogegner, schon allein deshalb, weil der Autobus ein Pfeiler des öffentlichen Verkehrs ist. Im Gütertransport ist der LKW nicht nur unverzichtbar, er ist auch effizient: Das Gewicht der Zuladung ist deutlich höher als das Fahrzeuggewicht. Wenn man die Effizienz eines Fahrzeugs als Verhältnis der Zuladung zum Fahrzeuggewicht definiert, sieht der PKW schlecht aus. Und sie wird immer schlechter, weil die durchschnittlichen Fahrzeuggewichte steigen (viele SUV wiegen mehr als 2 Tonnen) und die mittlere Belegung eines Autos sinkt. Von daher verwundert es nicht, dass in der Schweiz die (eher bescheidenen) Emissionsziele weder 2015 noch 2020 erreicht wurden.

Anderseits: Der Besitz eines Autos ist mit enorm vielen Vorteilen verbunden: Es ist jederzeit verfügbar, fährt, wohin man will; ist erschwinglich, ein mobiler Schrank, es bietet Platz für mehrere Personen, Bequemlichkeit, Individualität, Schutz vor Witterung (und Ansteckung), hat eine große Reichweite, ist Statussymbol, ermöglicht Fahrspaß … Diese Vorteile haben ein so starkes Gewicht, dass sich selbst die euphorisch angekündeten Geschäftsmodelle der Sharing-Economy nicht wirklich durchsetzen. Das neuerdings vorgebrachte Argument, Autos stünden meistens ungenutzt auf einem Parkplatz, sticht nicht wirklich. Fahrräder werden im Schnitt noch weniger gefahren. Selbst ein Bett wird nur zu etwa einem Drittel der Tageszeit beschlafen.

Vor allem aber: Das Auto hat die Zersiedelung der Landschaft erst ermöglicht und deshalb ist es für die Menschen, die in diesem Raum leben, unverzichtbar geworden. Laut der zitierten Studie *Dichte und Mobilitätsverhalten* (vergleiche Seite 21) werden in schwach besiedelten Gebieten 54 Prozent der Etappen mit dem Auto zurückgelegt, im dichtesten besiedelten Raum sind es 15 Prozent. Der Architekt und «Stadtwanderer» Benedikt Loderer bringt es auf den Punkt, wenn er von einer «urbanen Schweiz» und einer «Benzinschweiz» spricht. Wer in der Benzinschweiz kein Auto hat, «ist mobilitätsbehindert, genauer invalid …»[39] Das gilt für Benzindeutschland und Benzinösterreich gleichermaßen.

Auch in Zukunft ist das Auto nicht wegzudenken. *Ein* absehbares Ende gibt es aber: Das Auto mit Verbrennungsmotor hat ein Verfalldatum. Der astronomisch hohe Börsenkurs von Tesla ist ein unübersehbares Signal, dass auf eine Zukunft mit E-Autos gewettet wird. Das Auto der Zukunft ist elektrisch, vernetzt und wird durch lernfähige Assistenzsysteme unterstützt. Tesla hat die klassischen Autobauer so stark vor sich hergetrieben, dass sie zwar spät, aber nun mit geballter Kraft in diese Entwicklung investieren. VW will in den kommenden Jahren 73 Milliarden Euro in die E-Mobilität und Digitalisierung stecken.[40]

Im März 2021 haben die drei deutschen Autobauer über ihre Offensiven auf dem Weg zur E-Mobilität berichtet. BMW hat das Ende des Verbrennungsmotors verkündet. Daimler will die Keimzelle des Konzerns in Untertürkheim auf Elektromobilität umrüsten. Volkswagen plant sechs Gigafabriken für die Batteriezellenproduktion in Europa und wagt eine kühne Prognose: «Schon in zwei Jahren soll eine voll-vernetzte Flotte von über 500 000 Fahrzeugen auf der Straße fahren, über die Volkswagen direktes Kundenfeedback in neue Funktionen übertragen kann. Wir holen uns immer mehr Kundendaten, um mit ihnen Erlöse zu erzielen.»[41] Das klang so gut, dass die Stammaktie von VW innert Tagen um 70 Prozent zulegte.[42]

Damit wird der Aufbau eines europaweiten Ladenetzes zu

einer obersten Priorität. «Es gibt Abenteuer, die man sich besser erspart. Eine Deutschlandtour mit einem Elektroauto gehört dazu.»[43] In Norwegen entfielen 2020 mehr als die Hälfte der Zulassungen auf Elektroautos. Trotzdem fährt die «Ladeangst» dort immer noch mit.[44] Die Präsidentin des Verbands der Automobilindustrie fordert: «Wir brauchen 2000 neue Ladepunkte pro Woche.»[45] Das verweist auf die Größenordnung des Problems. «Jetzt müssen Autohersteller, Infrastrukturanbieter, Vermieter, Arbeitgeber und der Gesetzgeber aktiv werden. Erst wenn Ladestationen für Elektroautos so selbstverständlich sind wie früher Telefonkabinen, legt auch mancher E-Autogegner den Hebel im Kopf um.»[46]

Die Dichte an Ladestellen ist nicht der einzige Bremsfaktor für eine zügige Verbreitung des E-Autos. «Kunden, die endlich eine funktionierende Ladesäule ergattert haben, verzweifeln an intransparenten Abrechnungsmodellen verschiedener Service-Provider und komplizierten Karten- und SMS-Systemen. Und an schwer nachvollziehbaren, oft überhöhten Preisen. Abgerechnet wird, wie es dem jeweiligen Betreiber gerade passt.» So könne der Strompreis an derselben Ladesäule um 100 Prozent variieren und sogar teurer werden als eine Tankfüllung mit Benzin.[47] Dass hier Regulierungsbedarf besteht, ist offensichtlich.

Es ist denkbar, dass Tesla neben der Antriebstechnik, der Batterie- und Softwareentwicklung mit einer Revolution im Karosseriebau noch einen weiteren Trend setzt. Eine Karosserie setzt sich heute aus etwa 70 Teilen zusammen. Tesla visiert die Reduktion auf vier Komponenten an. Das hätte massive Einsparungen bei der Produktion zur Folge. Die heute überbreiten Modellpaletten würden reduziert. Manche träumen sogar schon von der einteiligen Karosserie, von 3-D-Druckern gebaut. Der Wert eines Autos wird zunehmend durch seine Software definiert. Künftig wird nicht mehr Software für ein fertiges Auto konzipiert, sondern das Auto um die Software herum gebaut. Immer intelligentere Assistenzsysteme erhöhen die Sicherheit. Damit gibt es keinen Grund mehr, SUV wie fahrbare Panzer zu bauen. So könnte das Verhältnis von Zuladung zum Fahrzeuggewicht wieder vernünftiger werden.

Mittlerweile hat selbst das Angstszenario, dass der Abschied vom Verbrenner Tausende Jobs kostet, seinen Schrecken verloren. Was sich in der Automobilindustrie abspielt, ist ein klassischer Prozess der schöpferischen Zerstörung. Altes wird durch Neues ersetzt. Inzwischen wird schon vom Jobmotor durch das Elektroauto gesprochen. Anstelle von Benzinmotoren und Getrieben treten die Fertigung von Batteriezellen und die Entwicklung von Software. Gemäß einer Studie der Boston Consulting Group basieren mehr als 90 Prozent der Innovationen in der Automobilbranche auf Software.[48]

Herkömmliche Arbeit fällt weg, neue Arbeit wird geschaffen. Transformation heißt das Schlüsselwort. In der hauseigenen «Fakultät 73» schult VW Mitarbeitende aus allen Bereichen zu Softwareentwicklern um[49] und hofft damit, den Rückstand auf Tesla (und allenfalls Apple) aufzuholen.

Der Kampf gegen den Klimawandel erhöht den Druck auf eine wesensgerechte Verwendung des Autos. Wesensgerecht eingesetzt wird das Auto auf längeren Distanzen und in dünn besiedelten Gebieten. Analysiert man die Mobilitätsstatistiken, fallen zwei Schwachpunkte im aktuellen Gebrauch auf: die hohe Anzahl Fahrten im untersten Distanzbereich und die immer schlechter werdende Auslastung. Über 40 Prozent der mit dem Auto gefahrenen Etappen sind kürzer als 5 Kilometer, mehr als die Hälfte kürzer als 10 Kilometer. Deshalb sind die Stadtautobahnen zu den Stoßzeiten so stark belastet. Die kürzeren Distanzen können mit einem konventionellen Rad, die längeren mit dem E-Bike problemlos abgedeckt werden.

«Wäre jedes Auto voll besetzt, ließe sich die heutige Verkehrsmenge um drei Viertel reduzieren.»[50] Der Verkehrsexperte, der hier zitiert wird, hat richtig gerechnet. Er weiß aber auch, dass die Vorstellung, das ließe sich signifikant verändern, wirklichkeitsfremd ist. Tatsächlich ist diese niedrige Auslastung eine direkte Folge der Vorteile des Autos. Deshalb scheitern die Versuche, digital unterstützte Mitfahrservices anzubieten. Sich für die Fahrt zur Arbeit absprechen zu müssen, schränkt die Individualität offenbar zu sehr ein. Deshalb werden sich aller Voraussicht nach auch Sharing-Modelle nicht im großen Stil durchsetzen. Das jederzeit bereite Auto mit der Skiausrüstung oder dem Golf-Equipment im Kofferraum ist einfach nicht zu schlagen.

Eines scheint klar: In der Stadt der Zukunft hat der PKW immer weniger zu suchen. Hier kommen zwei Entwicklungen zusammen: der Trend zugunsten eines Einsatzes möglichst wesensgerechter Verkehrsmittel und die Verschiebung der Präferenzen der Bevölkerung in den städtischen Räumen. Zu den letzten Kombattanten für die autogerechte Stadt gehören die Gewerbevereinigungen. Ausgerechnet in der links-grünen Stadt Basel versuchten sie, mit zwei Volksinitiativen einen Paradigmenwechsel in der Verkehrspolitik zu bewirken. Die eine wollte das seit 2010 gesetzlich verankerte Ziel einer 10-prozentigen Reduktion des motorisierten Verkehrs und die Bestimmungen, die den Langsamverkehr privilegieren, abschaffen. Die andere verlangte eine ausreichende Anzahl Parkplätze auf öffentlichem Grund und ein Verbot der ersatzlosen Streichung von Parkplätzen. Das provozierte derart, dass das Parlament einen ebenso provokanten Gegenvorschlag formulierte. Bis ins Jahr 2050 sollen nur noch Verkehrsmittel zugelassen werden, die flächeneffizient, emissionsarm, klima- und ressourcenschonend sind. In der Volksabstimmung wurden die Initiativen des Gewerbeverbands wuchtig abgelehnt und der Gegenvorschlag angenommen. Von Eigentor und Bumerang war die Rede. Michel de Montaigne hat es vor über 400 Jahren präziser formuliert: Man wird bestraft, wenn man sich darauf versteift, eine Festung sinnlos zu verteidigen.

Die Zukunft des Autos gründet auf seinem klugen Gebrauch.

Omnibus, Autobus, Bus, Car, Oberleitungsbus, Trolleybus

Die terminologische Vielfalt ist beeindruckend. In der Amtssprache der EU heißt das Ding «Kraftomnibus» und es handelt sich um ein Kraftfahrzeug mit mehr als acht Sitzplätzen (plus Fahrersitz). «Omni» bringt es zum Ausdruck: Es ist ein PKW für alle. Vier Typen von Autobussen, von denen wir klare Bilder haben, stehen für ihre unterschiedlichen Einsatzformen: 1) der Greyhound als Prototyp für den Fernbus-Linienverkehr; 2) das schweizerische Postauto für den öffentlichen Regionalverkehr in dünner besiedelten Räumen; 3) der Doppeldecker in London für den städtischen Verkehr; 4) der Mannschaftbus von Bayern München für den Charterverkehr (in der Schweiz Car oder Reisecar genannt).

Es ist logisch, dass ein Fahrzeug für den Kollektivverkehr bezüglich aller Effizienzkriterien – Durchsatz, Energie- und Flächeneffizienz, Immissionen – weit besser abschließt als der motorisierte Individualverkehr. Auch die Auslastung spielt dabei eine Rolle, und die ist je nach Einsatzart eines Busses unterschiedlich.

Energieeffizienz und Emissionen hängen von der Antriebsart ab. Besonders günstig präsentieren sich diese Werte beim Trolleybus im städtischen Verkehr, der über Fahrleitungen elektrische Energie bezieht. Der überwiegende Anteil der Busse wird mit einem Verbrennungsmotor angetrieben. Hybridmodelle und E-Busse sind in Anschaffung, Betrieb und Interhalt insgesamt teurer als die herkömmlichen Verbrenner. Sie werden zwar zunehmend eingesetzt, fristen aber immer noch ein Nischendasein. Klar ist: Auch der Bus – in welcher Form auch immer – unterliegt dem kategorischen Imperativ der Dekarbonisierung.

1) Das Volumen des Verkehrs mit Fernbussen im Linienverkehr korreliert mit der Qualität des Bahnangebots. Dessen Schwächen im internationalen Verkehr sind notorisch. Deshalb haben Linienbusse im grenzüberschreitenden Verkehr ihren

Markt gefunden. Im Inlandverkehr ist der Bus in Ländern wie Mazedonien, Polen, Ungarn oder der Türkei wesentlich stärker als die Bahn. In Dänemark hat der Busverkehr eine vergleichbare Bedeutung wie der Bahnverkehr, was sich mit der Siedlungsstruktur erklären lässt. Wo die Bahn stark ist, spielt der Busverkehr eine untergeordnete Rolle. Dort wird die Bahn seit je mit erheblichen öffentlichen Geldern alimentiert. Das führte dazu, dass man die Bahn vielerorts mit regulatorischen Maßnahmen vor der Konkurrenz durch den Fernbus geschützt hat. In Deutschland ist der Fernbusverkehr erst seit 2013 weitgehend liberalisiert, in der Schweiz seit 2018. Das führte umgehend zum Markteintritt einer Vielzahl von Anbietern.

In Deutschland hat sich der Fernbusverkehr zwischen 2012 und 2016, ausgehend von einem niedrigen Niveau, verzehnfacht. Seither stagniert er, während die Bahn um 8 Prozent zugelegt hat. In der Schweiz wurde die Liberalisierung des Busverkehrs als Revolution angekündigt. Anderthalb Jahre später war die Euphorie verschwunden, «Inlandbusse locken kaum Passagiere an».[51]

In der Konkurrenz zur Bahn hat der Fernbus den Vorteil, durch Direktverbindungen sogenannte «missing links» – wo die Bahn nur relativ schlechte Umsteigeverbindungen anbietet – abdecken zu können. Seine Nachteile sind die Unplanbarkeit der Fahrzeiten und die oft ungünstig gelegenen Halteorte. Das muss mit niedrigen Preisen kompensiert werden, weshalb die Busangebote auch als «3. Klasse» bezeichnet werden. Die vom Umweltbundesamt publizierte Studie *Bestandsaufnahme zu den Auswirkungen von Fernbusreisen auf Verkehrsentwicklung und Emissionen in Deutschland* vom Mai 2018 bestätigt diesen Sachverhalt. Der günstige Preis sei der Haupttreiber für eine Entscheidung für den Fernbus. «Dafür werden auch relativ lange Fahrzeiten sowie Verspätungen und beengte Sitzverhältnisse in Kauf genommen.»[52] 80 Prozent der Reisen waren privater Natur, 13 Prozent der Fahrten neuinduziert. Bei 46 Prozent der Fahrten wurde die Bahn ersetzt, bei 36 Prozent das Auto, 5 Prozent verzichteten auf einen Flug. Die Auslastung der Fahrzeuge bewegte sich zwischen 51 und 59 Prozent. Als Folge wurden die Emissionen «erheblich reduziert. Im Vergleich zum Zug ist der Fernbus bezüglich der Treibhausemissionen in den betrachteten Fällen ähnlich einzustufen.»[53]

Aufgrund dieser Konstellation ist der Margendruck in diesem Geschäft hoch, weshalb sich die Branche in kürzester Zeit konsolidiert hat. Übrig geblieben ist Flixbus. Der zum Monopolisten mutierte Anbieter arbeitet nach dem klassischen digitalen Geschäftsmodell. Die Firma definiert das Netz, liefert die Vertriebsplattform, sorgt für Betriebsorganisation, Branding und Marketing. Ihre besondere Stärke ist ein dynamisches Preismodell. Im Anlagenbestand von Flixbus findet sich ein einziger Bus, den es braucht, um als Busunternehmen zugelassen zu werden. Die Marktleistung erbringen Subunternehmen. Aus diesem Grund wird Flixbus ab und zu vorgeworfen, Druck auf diese auszuüben, worunter die Betriebssicherheit leide.

Im europäischen Langstreckenverkehr ist der Reisebus im Vergleich zum Flugzeug eine ebenso klimafreundliche Alternative wie die Eisenbahn – wenn er CO_2-neutral betrieben wird. Auf dem Weg dazu braucht es einen Systementscheid: Batterie oder Wasserstoff? Beides wird die Betriebskosten erhöhen.

2) Für die Sicherung der Grundversorgung in zersiedelten Räumen ist der Bus das einzige mögliche Transportmittel. Geografische und demografische Gegebenheiten führen zu relativ langen Fahrzeiten und schlechter Auslastung, was sich negativ auf die Energie- und Emissionsbilanzen auswirkt. Für die Konzeption von Busangeboten in ländlichen Räumen gibt es grundsätzlich zwei Möglichkeiten: entweder ein lückenloser Stundentakt über plus/minus 16 Stunden oder ein ausgedünn-

tes Angebot. Ersteres kostet mehr und führt zu einer schlechten Auslastung, Letzteres dazu, dass der öffentliche Verkehr keine valable Alternative ist.

Als Ausweg aus diesem Dilemma wurde Ende der 1970er-Jahre der Rufbus erfunden. Nichts weniger als eine Revolutionierung des öffentlichen Verkehrs in ländlichen Räumen wurde postuliert. Ein R-Bus setzt sich erst in Bewegung, wenn er von Kundinnen und Kunden angefordert wird. In der Umsetzung zeigte sich indessen rasch, dass Probleme entstanden, sobald die Nachfrage über ein Mindestmaß gestiegen war. Die Kapazitäten wurden knapp und die Wege und Fahrzeiten immer länger. Über kurz oder lang wurden wieder Linienbusse eingesetzt. Der R-Bus hat eine so marginale Rolle gespielt, dass die damit erbrachten Verkehrsleistungen nicht einmal Eingang in die Verkehrsstatistiken gefunden haben.

Zurzeit erfährt der gute alte Rufbus jedoch ein Revival: App-gesteuert und mit einer neuen, zeitgeistigen Terminologie. Nun sind es On-Demand-Shuttles mit hübschen Namen wie PubliCar bei der Schweizer Post, Pikmi in Zürich, ioki in Hamburg oder Berlkönig in Berlin. Ob man damit das Grunddilemma lösen kann, ist fraglich, auch ob damit mehr als marginale Verkehrsmengen bewältigt werden. In Singapur, der Pionierstadt für integrierte Verkehrsplanung, lässt man sich Zeit. Bis 2030 will man ein System mit autonomen, nachfrageorientierten Bussen einführen, die per App gebucht werden können. Die Linienführung soll sich der Nachfrage anpassen.

Es ist nicht wegzudiskutieren: Eine Mobilitätsgrundversorgung im zersiedelten Raum kostet und sie wird immer eher schlecht ausgelastet sein. Im Verhältnis zum gesamten Kostenblock für die Grundversorgung mit öffentlichem Verkehr sind diese Aufwendungen indessen bescheiden. Deshalb muss bei der Planung von Sparübungen zulasten der Peripherie eine Güterabwägung stattfinden zwischen dem Sparpotenzial und den Auswirkungen auf das Stadt-Land-Gefälle.

3) Im öffentlichen Personennahverkehr spielen Busse eine tragende Rolle. In kleineren Agglomerationen basiert das Angebot ausschließlich auf Bussen. Je größer die Agglomeration, desto höher wird das Gewicht des schienengebundenen Verkehrs. Der Busverkehr deckt dann die «missing links» ab.
4) Was oben für den Linienbus ausgeführt wurde, gilt ebenso für den Ausflugsbus oder Reisecar. Gegenüber dem Linienbus dürfte der Charterverkehr eher höher ausgelastet sein, was seine Ökobilanz verbessert.

Flugzeug

Noch in den 1970er-Jahren war Fliegen eine exklusive Angelegenheit. Als ich 1977 erstmals nach New York reiste, konnte ich mir einen Direktflug ab Zürich nicht leisten. Der Flug mit Icelandair war bezahlbar, etwas lang zwar, dafür war ich einmal in Reykjavik. Fluggesellschaften waren damals noch weitgehend staatlich. In Europa war der Markt durch bilaterale Luftverkehrsabkommen geregelt, die Preise wurden innerhalb der IATA, des Dachverbands der Fluggesellschaften, ausgehandelt. 1986 entschied der Europäische Gerichtshof, dass die Wettbewerbsbestimmungen des EWG-Vertrages auch auf den Luftverkehr anzuwenden seien. Das war der Startschuss für eine umfassende Liberalisierung. In zwei ersten Schritten wurden die Richtlinien für die Festlegung der Preise gelockert. Mit dem 1993 eingeführten dritten Maßnahmenpaket zur Liberalisierung des EG-Linienluftverkehrs änderten sich die Verhältnisse fundamental. Die bestehenden Gesellschaften konnten Preise, Angebote und Kapazitäten frei festlegen. Vor allem aber wurde neuen Anbietern das Recht zur Aufnahme des kommerziellen Flugbetriebs zugestanden.

In kürzester Zeit wurden die klassischen Netzwerk-Fluggesellschaften in Europa von Newcomern mit einem völlig neuen Geschäftsmodell attackiert. Die Blaupause dafür lieferten die Southwest Airlines in den USA: Konzentration auf den Kurz- und

Mittelstreckenverkehr, Beschränkung des kostenlosen Service auf ein absolutes Minimum, Flughäfen mit geringen Gebühren und rascher Abfertigung, maximale Effizienz im Flugzeugeinsatz, homogene Flotte, dynamische Preisgestaltung, Vertrieb über Internet – all das diente dem einen Ziel: Wachstum dank möglichst niedriger Preise. Kaum waren die «low cost carriers» bzw. Billigfluggesellschaften auf dem Markt, erodierte das Preisniveau auf breiter Front. 2016 betrugen die durchschnittlichen Ticketpreise bei der Ryanair gerade noch 41 Euro. Kein Wunder, dass die Passagierzahlen explodierten. Von 1993 bis zu dem durch die Coronakrise bewirkten Einbruch hat sich die Anzahl der Flugpassagiere im EU-Raum mehr als verdreifacht. In einem etwa ähnlichen Rahmen hat sich der weltweite Luftverkehr entwickelt. Das Ausmaß der geradezu tektonischen Verschiebungen im Fluggeschäft zeigt sich daran, dass Ryanair 2016 erstmals mehr Passagiere beförderte als die Lufthansa inklusive all ihrer Töchter. Vor allem aber: Fliegen ist für weite Teile der Welt zu einer Selbstverständlichkeit geworden. Und hat damit in hohem Mass zum Phänomen des Overtourism beigetragen.

Wie alle Massentransportmittel wurde auch die Luftfahrt vom Coronavirus schwer getroffen. In einem Aspekt aber unterscheidet sich die Luftfahrt: Die Aussage «Corona geht vorbei, die Klimakrise bleibt» bietet keine beruhigende Perspektive: 1) Der kategorische Imperativ zur Dekarbonisierung ist bei keinem anderen Verkehrsmittel so schwer umzusetzen wie im Luftverkehr; 2) es ist anzunehmen, dass viele Meetings auch in einer coronafreien Zukunft virtuell durchgeführt werden, zu groß sind die damit verbundenen zeitlichen und finanziellen Einsparungen. Dadurch erodiert das Geschäftsmodell der Netzwerkgesellschaften, das auf einer maximalen Abschöpfung des Geschäftsreiseverkehrs beruht; 3) es ist erklärtes Ziel der EU, den Kurzstrecken-Flugverkehr durch emissionsärmere Verkehrsmittel zu substituieren; 4) einige Staaten beabsichtigen, Flugticketabgaben oder Minimalpreise für Flugtickets einzuführen.

Flugzeuge werden durch Verbrennungskraftmaschinen angetrieben. Mit der Verbrennung von 1 Kilogramm Kerosin entstehen 3,15 Kilogramm CO_2. Der Flugverkehr verursacht rund 2,5 Prozent der durch Menschen verursachten weltweiten CO_2-Emissionen. Das scheint bescheiden. Anders sieht es aus, wenn man die Bilanz wohlhabender Länder betrachtet. «Sämtliche internationalen Flüge der Schweiz entsprechen rund 10 Prozent der CO_2-Emissionen, welche das Treibhausinventar der Schweiz ausweist.»[54] Der Luftverkehr emittiert nicht nur CO_2, sondern auch Stickoxide, Schwefeldioxid und Ruß. Sie alle beeinflussen das Klima, ebenso wie durch die Flugzeuge hervorgerufenen Kondensstreifen und die daraus gebildete dünne Bewölkung. Das Wissen über die Auswirkungen dieser Nicht-CO_2-Emissionen ist derzeit noch beschränkt. Kein anderes Verkehrsmittel muss sich mit einer so breiten Palette von klimaschädigenden Auswirkungen auseinandersetzen.

Die Dekarbonisierung ist für die Luftfahrt eine enorme Herausforderung. Grundsätzlich stehen die gleichen Lösungen zur Verfügung wie für das Auto. «Die elektrische Aviatik dreht auf», titelt die *Neue Zürcher Zeitung* und berichtet begeistert vom Velis Electro, einem serienmäßig hergestellten, elektrisch betriebenen Kleinflugzeug. Selbst bei diesem kleinen Flieger ist die Reichweite auf 100 Kilometer begrenzt.[55] Die beiden nordischen Airlines Finnair und Widerøe planen, in der schwer zugänglichen Finnmark mittelfristig batteriebetriebene Propellerflugzeuge mit maximal 20 Sitzplätzen einzusetzen. Mehr als ein Nischendasein kann diese Art der Aviatik nicht erreichen.

Als Energiequelle für klimaneutrale Großflugzeuge kommen kerosinähnliche Treibstoffe oder Wasserstoff infrage. Für die Herstellung kerosinähnlicher Treibstoffe gibt es verschiedene Verfahren (siehe Seite 73 f.). Ein Forscherteam der ETH Zürich hat die kurz- und mittelfristig umsetzbaren Verfahren evaluiert. «Eine klimaneutrale Luftfahrt ist möglich», stellen die Forscher fest. Die Flugzeuge würden zwar auch künftig fossile Treibstoffe verwenden, das ausgestoßene CO_2 würde aber in Abscheidungsanlagen der Atmosphäre entnommen und dauerhaft im Untergrund gespeichert (Carbon Capture and Storage [CCS]).[56] Hierbei erstaunt zweierlei: Erstens wurde das Caphenia-Verfahren (siehe Seite 74) offenbar nicht in die Evaluation miteinbezogen. Zweitens ist CCS ein Verfahren, das noch mit vielen Fragezeichen versehen ist. Am gleichen Tag, an dem die ETH Zürich ihre Verlautbarung aufs Netz stellte, publizierte *Die Zeit* einen Artikel über das saubere Fliegen. Darin wird das Caphenia-Verfahren als ein Königsweg beschrieben, der die Luftfahrt «revolutionieren könnte».[57]

Airbus will sich an die Spitze der Transformation setzen und kündigt an, bis zum Jahr 2035 ein komplett CO_2-neutrales, wasserstoffbetriebenes Flugzeug zu entwickeln. Wasserstoff hat eine hohe Energiedichte und ein geringes spezifisches Gewicht, aber viermal mehr Volumen als Kerosin. Er könnte in einem riesigen doppelwandigen, zylindrischen oder kugelförmigen Tank im Heck eines Flugzeugs untergebracht werden. Airbus entwickelt ein Konzept für einen sechsmotorigen Flieger, wobei jeder Motor als autarke Einheit inklusiv Treibstoff funktioniert. Diese «Kapseln» könnten auf den Flughäfen ausgetauscht werden.[58] Zur Diskussion steht auch ein disruptives Konzept mit einem «Nurflügler». Flügel und Rumpf bilden beim «fliegenden V» einen durchgehenden Körper, was nicht nur aerodynamisch, sondern auch für die Integration des Wasserstofftanks Vorteile bringen soll. Die Entwicklung befindet sich noch im Frühstadium. Immerhin konnte mit einem Modell im Maßstab 1:5 ein Versuchsflug durchgeführt werden.[59] Für die Produktion von Wasserstoff werden große Mengen klimaneutral erzeugter elektrischer Energie benötigt (wie auch für den künftigen Schwerverkehr auf der Straße sowie für Fernbusse). Schließlich ist auch eine aufwendige Infrastruktur am Boden erforderlich.

Die Lage ist unübersichtlich. Positiv sind die vielen Initiativen. Skeptisch stimmen jedoch ihr Reifegrad und die zeitliche Perspektive. Insgesamt erscheinen die Realisierungschancen für den Kurz- und Mittelstreckenverkehr besser als für den Langstreckenverkehr. In einer Anfang 2021 erfolgten Antwort auf eine parlamentarische Anfrage der Grünen misst das deutsche Bundesumweltministerium den E-Fuels kaum Bedeutung zu. Bis Ende des Jahrzehnts könnten keine nennenswerten Mengen produziert werden. Deshalb plane man für die Luftfahrt 2030 eine Beimischungsquote von 2 Prozent.[60] Das hört sich wie eine Kapitulation an.

Angesichts dieser Lage erstaunt es nicht, dass sich die Branche bescheidene Ziele setzt. 2016 hat die Internationale Zivilluftfahrtorganisation ICAO beschlossen, ab 2020 ein klimaneutrales Wachstum anzustreben. Was heißt, dass der CO_2-Ausstoß auf hohem Niveau stabilisiert würde. Das Programm CORSIA – Carbon Offsetting and Reduction Scheme for International Aviation – enthält nur Maßnahmen für die ab 2020 *zusätzlich* anfallenden CO_2-Einheiten.

Auf der Suche nach klimapolitischen Zielen der Branche nehme ich mir die Website der IATA vor. Da ist jedoch wenig Substanzielles zu finden. Am konkretesten ist die Absicht, man wolle sich bei den Regierungen für verhältnismäßige und kohärente Regulierungen einsetzen. Über einige Klicks gelange ich an ein von der Air Transportation Action Group (ATAG) im September 2020 publiziertes Papier *Blueprint for a Green Recovery.*[61] Das erste Kapitel «Waypoint 2050» wird mit einer Erklärung eingeleitet:

> «Wegpunkte sind weder der Start noch das Ende einer Reise, sondern ein Wegweiser. Die Branche hat diese Philosophie übernommen. Das Jahr 2050 ist kein Ziel, sondern eine Markierung auf dem Weg zu einem kohlenstofffreien Luftverkehr.»

Weil keine rasch realisierbaren Lösungen zur Verfügung stünden, wird ausgeführt, gehöre die Luftfahrt zu den Wirtschaftssektoren, in denen eine Reduktion des Schadstoffausstoßes nur schwierig zu erreichen sei. Es gebe zwar ein Potenzial an Optionen für eine «nahezu vollständige Dekarbonisierung», diese sei aber erst in einer Dekade *nach* 2050 zu erreichen. Trotzdem – und trotz Corona – geht die Branche von einer durchschnittlichen Wachstumsrate des Verkehrs von 3 Prozent zwischen 2019 und 2050 aus. Die Anzahl der Flugpassagiere würde demnach weltweit von 4,8 Milliarden auf fast 11 Milliarden steigen.

42 Prozent der Ticketeinnahmen der Lufthansa stammten vor der Coronakrise aus dem Geschäftsreiseverkehr. Aufgrund von Kundenbefragungen kommt eine Studie von Kearney zu dem Schluss: «Signifikante und dauerhafte Kürzungen bei Geschäftsreisen werden zu einem neuen Normalwert von minus 10 bis 20 Prozent im Vergleich zu vor der Pandemie führen.»[62] Andere Prognosen gehen von noch höheren Einbußen aus. Dadurch gerät die Ertragsmechanik der Netzwerkgesellschaften aus dem Lot. Es entsteht Druck, die Preise in der Economy-Klasse zu erhöhen. Auf der Suche nach Kompensationsmöglichkeiten visieren die Fluggesellschaften zunehmend die Flughäfen an, die mit den von den Airlines generierten Frequenzen gute Geschäfte machen. Doch dafür haben die Flughafenunternehmen kein Gehör. Nun lobbyieren die Fluggesellschaften bei den Regulatoren für eine Reduktion der Flughafengebühren. Die Absicht verschiedener Staaten, den Mittelstreckenverkehr mit dem Flugzeug durch Bahn und Fernbusse zu ersetzen, vermag die Branche hingegen nicht zu beunruhigen. Gemäß *Blueprint* werden diese Initiativen einen begrenzten Einfluss haben.

Zu Flugticketabgaben und regulierten Minimalpreisen hat sich Carsten Spohr, Konzernchef der Lufthansa, geäußert. Tickets für 9.99 Euro hält er ökologisch und ökonomisch für unverantwortlich und setzt nach: «Es gibt für den Luftverkehr nur eine Zukunft, wenn es auch eine klimapolitische Akzeptanz dafür gibt.»[63] Die Wortwahl lässt aufhorchen. Nicht die klimaneutrale Luftfahrt ist das Ziel, sondern die klimapolitische Akzeptanz.

Die Pandemie hat den Fokus nicht nur auf die Fluggesellschaften gerichtet. Flughäfen sind ein Element der strategischen Infrastruktur eines Landes und ein gewichtiger Standortfaktor. Aber nicht alle. In Deutschland fragt man sich, ob regionale Flughäfen, die schon vor Corona subventioniert wurden, auch in Zukunft durchgefüttert werden sollen.

Zur Disposition steht auch das Geschäftsmodell von Flughäfen. Dieses funktioniert nach dem Prinzip «Frequenz gleich Umsatz» und wird mit erstaunlicher Penetranz umgesetzt. Selbst bei einer Ankunft am späten Abend werden Ankommende, die nur noch ins Bett wollen, zu einem Slalom durch die Duty Free Shops gezwungen. «Viele Kathedralen des Luftverkehrs erscheinen plötzlich anachronistisch.»[64] Zum Beispiel die vor Kurzem erst eingeweihten Flughäfen in Berlin, Istanbul oder Peking. Oder The Circle im Flughafen Zürich, ein Megaprojekt, geplant in den Zeiten grenzenloser Expansion. Basis der Planung: ein Passagierwachstum von 30 auf 50 Millionen pro Jahr. So entstand eine gläserne Kleinstadt, die inmitten der Pandemie still und leise eröffnet wurde. Es soll ein fundamentaler «game changer» werden, fünfmal so groß wie die bisherigen kommerziellen Flächen des Flughafens. Da ist Platz für den «Einzelhandel der Zukunft», medizinische Dienstleistungen, Restaurants, ein Kongresszentrum, eine Kita, Coworking Spaces, Hotels, Fitnesscenter und 6000 Arbeitsplätze. Angesichts des abflauenden Immobilienmarkts war das Unterfangen schon immer risikobehaftet. Mit der Pandemie ist das Risiko nicht kleiner geworden.

Die Kombination von Pandemie und Klimakrise bringt keine andere Verkehrsart so stark unter Druck wie die Luftfahrt. Im Januar 2021 hat die Schweizer Regierung die langfristige Klimastrategie der Schweiz genehmigt. Die Probleme im Luftverkehr bilden sich schon im Inhaltsverzeichnis ab. Da gibt es je ein Kapitel «Verkehr» und ein Kapitel «Luftverkehr». Die Ziele unterscheiden sich. Während im Landverkehr bis 2050 ohne Wenn und Aber «netto null» angestrebt wird, heißt es im Luftverkehr «möglichst netto null». Damit wird die Luftfahrt ohne explizite Begründung als Sektor mit technisch schwer vermeidbaren Treibhausgasemissionen behandelt. In diesen Sektoren sind die Klimaziele nur mit dem Einsatz von Negativemissionstechnologien erreichbar. Diese entziehen der Atmosphäre durch CCS-Techniken CO_2 und speichern es dauerhaft – was Assoziationen an die seit Jahrzehnten erfolglosen Bemühungen um die dauerhafte Speicherung von nuklearen Abfällen weckt.

Aufgrund dieser Faktenlage ist es unwahrscheinlich, dass der Flugverkehr in der Lage ist, bis 2050 das Gebot der Klimaneutralität umzusetzen. Dabei vermittelt die Branche nicht den Eindruck, dass sie das ernsthaft beunruhigt. Im Gegenteil: Es hat den Anschein, dass es nur eine Devise gibt: Weiter so! Weder der Umstand, dass der Flugverkehr ins Fadenkreuz der Klimajugend geraten ist, noch die neue Wortschöpfung «Flugscham» scheint die Branche zu beeindrucken. Auch nicht die Empfehlung in einem Ratgeber für klimafreundliches Leben: «In keinem anderen Gebiet ließe sich ebenso schmerzlos ebenso viel einsparen wie beim Fliegen. … Keine Frage, wir müssen aufhören damit.»[65] Nicht nur die Klimajugend greift an. Graeme Maxton, ehemaliger Generalsekretär des Club of Rome, präsentiert einen radikalen Vorschlag: Jeder Mensch auf der Erde erhält das Recht, 1000 Kilometer pro Jahr zu fliegen. Das entspreche der Menge, die heute pro Person im weltweiten Durchschnitt jährlich geflogen werde. Wer mehr brauche, müsse die zusätzlichen Flugkilometer bei anderen zukaufen.[66] Das ist kaum realistisch. Aber die Kombination von ungebremstem Wachstum und Kapitulation vor der Forderung der Klimaneutralität auch nicht.

Die deutsche Luftverkehrswirtschaft scheint verstanden zu haben. Sie hat «eine Art Masterplan» für den Klimaschutz vorgelegt. Doch auch sie stellt fest, dass es «eine wirkliche Alternative zum fossilen Treibstoff Kerosin … bislang nicht» gibt. Deshalb appelliert man an die Politik, Förderprogramme aufzulegen. Beim Thema Kraftstoff glaubt man übrigens an Wasserstoff.[67]

Der Flugverkehr ist eine unverzichtbare Form der Mobilität. Im Interesse seiner Zukunft braucht es rasche und fundamentale Veränderungen in Richtung Klimaneutralität. Disruptive Veränderungen sind immer noch möglich. Solange solche nicht absehbar sind, bleibt nur ein Weg: das technologisch Mögliche so rasch wie möglich umsetzen. Was auch immer geschieht: Jede Maßnahme zur Verminderung der Emissionen der Luftfahrt erhöht die Kosten und die Preise. Was gut ist, weil es die Nachfrage dämpft. Der größte Beitrag der Luftfahrt zur Erreichung der Klimaziele besteht darin, dass weniger geflogen wird.

Die Luftfahrtbranche tut gut daran, ihre Strategien und Geschäftsmodelle von Grund auf zu überdenken. Gleiches gilt für den Tourismus, der den Großteil der Luftpassagen indiziert.

Mikromobilität

Der Begriff Mikromobilität ist im deutschsprachigen Raum so jung, dass es noch nicht einmal einen Eintrag bei Wikipedia gibt. Unter Micromobility findet sich der Hinweis, dass das Wort 2017 aufgetaucht ist und als Sammelbegriff für kleine, leichte Fahrzeuge mit geringer Geschwindigkeit steht, typischerweise für den Einsatz auf der *last mile* geeignet. Auf einer Liste werden nicht weniger als 18 Mikromobile aufgeführt. Zuoberst ein alter Bekannter: das Fahrrad, gefolgt von einem Gefährt, das auch schon einige Jahrzehnte auf dem Buckel hat: dem Golfwagen. Wir ersparen uns die vollständige Aufzählung und beschränken uns auf die prominentesten Geräte: E-Bike, E-Tretroller, E-Roller, Monowheel, E-Roller-Skates. Wie man sieht, ist der elektrische Antrieb kein Definitionsmerkmal, aber ein Charakteristikum der meisten dieser Fahrzeuge. In kürzester Zeit hat sich Mikromobilität zu einem Boom entwickelt, der zur Folge hat, dass diese Liste schon wieder unvollständig ist. Die Palette an Mikromobilen wird laufend umfangreicher.

Es ist eindrücklich, wie viele Start-ups in das Geschäft um die

Mikromobilität eingestiegen sind. Bereits 2015 lancierte ET Dynamics in Indien einen Hybrid-Scooter mit einer Haube aus Solarzellen. Der Weltmarkt wurde damit noch nicht erobert. Enuu entwickelte ein vierrädriges Kleinstauto, BiCar das «goldene Ei» auf drei Rädern. Auch wenn diese Mini-Autos wirklich klein sind, brauchen sie doch wesentlich mehr Platz als andere Mikromobile. Enuu versuchte, in Zürich mit 150 Fahrzeugen ins Mietgeschäft einzusteigen. Nach einem dreimonatigen Versuchsbetrieb durften noch 20 Fahrzeuge im Einsatz bleiben. Es scheint, dass sich in Europa vor allem das E-Bike durchsetzt. In Asien ist der E-Scooter das Mikromobil mit den größten Erfolgsaussichten, während sich in Amerika eine breite Palette von Kleinstfahrzeugen verbreitet hat.

Die meisten dieser Start-ups entwickeln nicht nur Mikromobile für den Verkauf, sondern sie visieren auch den Markt der «Sharing Mobility» an. Als es diesen Begriff noch gar nicht gab, war es kein Start-up, sondern die Stadt Paris, die ein Mietsystem für Fahrräder konzipierte und eine Konzession an einen Betreiber ausstellte. 2007 gestartet wurde Vélib rasch populär. Vélib ist «dockbased», die Fahrräder müssen an einer Velostation abgeholt bzw. abgegeben werden. Das Smartphone mit immer anspruchsvolleren Apps ermöglicht heute Systeme, die «dockless» funktionieren. Vélib bleibt indessen auch unter einem neuen Konzessionär beim traditionellen System. Die größte Veränderung brachten die 2018 eingeführten E-Bikes. 2020 wurden bereits 57 Prozent der Fahrten mit elektrischer Unterstützung ausgeführt. Die Zahlen sind eindrücklich: 1260 Stationen, 13 000 Räder, 150 000 Abonnements.

Das Pariser System, wie auch seine Kopie in London, funktioniert als Public Privat Partnership. Paris stellte dem ersten Konzessionär kostenlos Flächen für Außenwerbung zur Verfügung. In London heißen die Mieträder neuerdings Santander Cycles, was zeigt, dass die Betreiber auf Sponsoringerträge angewiesen sind.

Die operationelle Abwicklung des Mietgeschäfts ist aufwendig. Die Verkehre sind selten paarig, deshalb müssen die Bestände an den Stationen ausgeglichen werden. In Paris sind die höher gelegenen Stationen oft leer. 10 bis 14 Prozent der Räder müssen aufwendig umplatziert werden. Das größte Problem ist der Vandalismus. Bis 1500 Reparaturen müssen täglich vorgenommen werden. Aus der Seine werden immer wieder Mietvelos gefischt. Mit den E-Bikes stellt sich als weitere, aufwendige Aufgabe, den Ladezustand der Batterien zu sichern. Wie ein Blick auf die neuesten Einträge bei Tripadvisor zeigt, sind das Dauerprobleme. «80 Prozent der Fahrräder sind defekt. Wir wurden im Schnitt erst bei der dritten Station fündig.» Oder: «Leider waren die meisten Fahrräder an den Stationen kaputt … Oft hat auch die Anzahl der Räder pro Station, die in der App angegeben war, nicht annähernd gestimmt. Man muss Zeit einplanen, um fahrbare Räder zu finden, was schnell frustrierend werden kann.»

Die Frage, ob dieses Geschäft profitabel betrieben werden kann, liegt in der Luft. Wohl eher nicht, sonst würde man nicht von Public Private Partnership sprechen, was ein eleganter Ausdruck ist, um den Begriff Subvention zu vermeiden. Klar ist: Paris und London und nach ihnen andere Städte betrachten die Zurverfügungstellung von Fahrrädern als Element der Grundversorgung. Sie sind bereit, dafür zu zahlen, zum Beispiel in Form entgangener Erträge in der Außenwerbung.

Erfolgreiche digitale Geschäftsmodelle wie Uber oder Flixbus befolgen den Grundsatz, nur als Vermittler tätig zu sein und Investitionen in Hardware wenn immer möglich zu vermeiden. Das ist im Mietgeschäft mit Mikromobilen nicht möglich. Nicht nur die Investitionen belasten das Geschäft, sondern auch hohe operative Kosten. 2017, das Wort Mikromobilität war kaum geboren, fluteten asiatische Bike-Sharing-Unternehmen mehrere europäische Städte mit gelben, orangen, blauen und grünen Mietfahrrädern, ohne eine Bewilligung einzuholen. Man sah die Räder überall, auf Gehsteigen, unter Brücken, in Parks, im Umfeld von Bahnhöfen, oft verstreut am Boden liegend. Wenige Monate später lagen Tausende kaputter Fahrräder bankrotter Anbieter auf der Halde und der Spuk war vorbei.

In das Bike-Sharing-Geschäft wagte sich zu eben dieser Zeit auch Publibike, eine Tochter der schweizerischen Post. Im Mai 2019 zeigte ein Bericht der Eidgenössischen Finanzkontrolle, dass Publibike in kürzester Zeit Verluste von 11 Millionen Franken angehäuft hatte. Nun sucht das Unternehmen nach Partnerschaften mit der öffentlichen Hand, was eine nette Umschreibung für den Ruf nach Subventionen ist.

Der größte aller Mikromobilitäts-Hypes wurde 2016 durch ein Gerät ausgelöst, das viele Namen hat: E-Scooter, Kick Scooter, E-Tretroller, E-Trottinett, Stehroller mit E-Motor. 2017 stiegen zwei amerikanische Start-ups, Bird und Lime Bike, in den Markt für diese Geräte ein. In ihren Geschäftsmodellen kombinieren sie den Verkauf von Geräten und die Vermietung. Plötzlich waren die Tretroller da, auf den Straßen und Plätzen, ebenso präsent in den Medien. Das Wachstum beider Unternehmen war schwindelerregend. Bird gilt als Firma, die in Rekordzeit eine Bewertung von über einer Milliarde Dollar erreichte und damit die Qualifikation als sogenanntes Einhorn. Ende 2018 waren Bird und Lime mit 1,1 bzw. 2 Milliarden Dollar bewertet und selbst die Auto-Dinosaurier GM und Ford wollten in diesen Markt einsteigen.[68]

Vom Geschäftsmodell her kämpfen die Firmen mit den gleichen Problemen wie die Fahrradvermieter: Defekte, Vandalismus, Einsammeln von Fahrzeugen, aufwendige Wartung, rascher Verschleiß, Batterien aufladen. Ende 2018 berechnete ein Analyst, dass Bird pro Fahrt mit einem E-Tretroller 3.65 Dollar einnimmt. Die Bruttomarge betrage 19 Prozent, was nicht wirklich gut sei. Mitte Juni 2019 wurde vermeldet, dass Bird einmal mehr Kapital beschaffen müsse, weil die «burn rate» unglaublich hoch sei. In drei Monaten habe die Firma 100 Millionen Dollar Verlust geschrieben.[69] Die Profitabilität sei nur zu erreichen, wenn die Lebensdauer der Tretroller erhöht und die operativen Kosten massiv gesenkt würden.

Den Kostendruck bekommen vor allem die Mitarbeitenden zu spüren. Sie sind in drei Klassen unterteilt: zuoberst die gut salarierten Spezialistinnen und Spezialisten im Data-Management, Produkt-Engineering, City-Management und Finanzen. Auf der zweiten Stufe die im Stundenlohn angestellten operationellen Funktionen, zuunterst die Gig Worker, «juicer» genannt, die Fahrzeuge zusammensammeln und aufladen. Pro Aufladung werden Letztere mit einem bescheidenen Betrag entschädigt.

Am 27. März 2020 loggten sich einige Hundert Mitarbeitende von Bird in eine Zoom-Konferenz mit dem Titel «COVID 19 Update» ein. In einem knapp zwei Minuten langen Speech teilte ihnen die mit den Tränen kämpfende Kommunikationschefin mit, sie seien alle entlassen. Und schon waren sie vom System abgeschnitten, ihre E-Mail-Konten und Slack Accounts gesperrt. In ihrer Fassungslosigkeit und Wut verbanden sich die gefeuerten Bird-Mitarbeitenden zu einer Community und veröffentlichten am 23. April 2020 ein umfangreiches Manifest, in dem sie das Geschäftsgebaren der Firma an den Pranger stellten.[70] Zum Beispiel das Verhalten des Gründers und CEO Travis VanderZanden, der sich als Start-up-Held feiern ließ, das Verkünden der traurigen Nachricht aber seiner Kommunikationschefin überließ. Der Druck der Investoren und eine inflationäre Bewertung der Firma hätten eine «obsessive growth hacker mentality» erzeugt. Die vielen Ex-Uber-Executives verfolgten konsequent die «land and expand strategy» ihres früheren Arbeitgebers. Wie Uber hätten auch sie versucht, in Städten ohne Bewilligung aufzutreten. Mittlerweile sei man in etwa 120 Städten präsent. Die Expansion in Europa und im Mittleren Osten sei vor Corona ein relativer Erfolg gewesen, die Expansion in Lateinamerika ein Desaster. In dem Text kommt immer wieder Zweifel an der Profitabilität des Geschäftsmodells zum Ausdruck: «The vision it sold cities is not a profitable one.»

In Teilen Europas hat der Tretroller ein existenzielles Imageproblem: Er hat einen niedrigen Cool-Faktor. Für ein Start-up, das per Definition cool zu sein hat, ist das fatal. «Wenn der ortsansässige Punk mit struppigem Hund auf dem Dorfplatz sein Bier trinkt, so wird er mit demselben Gesichtsausdruck gemustert wie ich und mein Elektroroller im Zürcher Hipsterquartier. Ich stiess auf eine Verachtung, wie ich sie in dieser Stadt noch nie erlebt hatte.»[71] In einer 2020 publizierten Liste über Dinge, die man im Sommer nicht sehen möchte, findet sich an prominentester Stelle der Tretroller. «Es gibt ihn nicht, den erwachsenen Menschen, der auf einem Elektro-Trottinett würdevoll aussieht. Einfach: nicht. Ein Trottinett ist ein Kindergefährt, egal wie groß man es macht.»[72] Es fällt ins Auge: In Wien, wo nicht weniger als sechs Anbieter tätig sind, waren sie 2019 noch an jeder Ecke zu sehen, ein Jahr später hat ihre Präsenz sichtlich abgenommen. Das mag auch daran liegen, dass die maximale Anzahl Fahrzeuge pro Anbieter limitiert wurde und ein Neun-Punkte-Paket mit verbindlichen Regeln für Anbieter und Benutzer verordnet wurde.

Der mittlerweile abgeflachte Mikromobilitäts-Hype hat eine ausgesprochen positive Seite. Er ist Ausdruck eines in kürzester Zeit gewachsenen Bewusstseins für die Probleme im Stadtverkehr. Diese Öffnung hat eine erstaunliche Zahl von Ideen generiert, die alle von der Maxime eines hohen Durchsatzes, hoher Flächeneffizienz und minimaler Emissionen getrieben sind. Vor allem aber wurden diese Ideen in vielerlei Form materialisiert. Lassen wir uns überraschen, welche dieser Mikromobile sich wo durchsetzen. Aus heutiger Sicht scheint das gute alte Fahrrad, elektrisch unterstützt und technologisch laufend weiterentwickelt, zumindest in Europa in der Poleposition.

Transportkette, Intermodalität, kombinierter Verkehr

Die Begriffe Transportkette, Intermodalität, kombinierter Verkehr stammen ursprünglich vom Güterverkehr und beziehen sich auf die Verknüpfung verschiedener Verkehrsmittel wie Schiff, Bahn und LKW. Unter kombiniertem Verkehr wird in der Regel eine Kombination von LKW und Bahn verstanden, entweder durch den Umschlag von Containern und Wechselbehältern oder den Transport ganzer LKW auf der «rollenden Landstraße». Für die Planung und Ausführung von Gütertransporten im Auftragsverhältnis hat sich ein eigener Berufszweig entwickelt: die Spediteure. Sie kümmern sich nicht nur um die Abfolge von Transportetappen, sondern auch um die damit zusammenhängenden Funktionen wie Lagerung, Kommissionierung, Verzollung. Unter der Bezeichnung Supply-Chain-Management wurde der Ansatz weiterentwickelt mit dem Ziel, alle Waren-, Informations- und Geldflüsse vom Rohstoff bis zum Kunden so zu steuern, dass Kosten und Zeit optimiert werden. «Just in time» ist zum gängigen Begriff geworden. Effizienz und Kosten intermodaler Verkehre hängen in hohem Maß von der Konzeption des Übergangs von einem Kettenglied zum nächsten ab. Terminals für den Containerumschlag brauchen eine ausreichende Größe und sind heutzutage weitgehend automatisiert. Die Havarie der «Ever Given» im Suezkanal hat auf drastische Weise gezeigt, wie Unterbrechungen der Transportkette umgehend weltweite Lieferengpässe, wochenlange Stauphänomene und immense Folgekosten auslösen können.

Auch im Personenverkehr werden Etappen eines Wegs mit verschiedenen Verkehrsmitteln zurückgelegt. Die entsprechenden Dispositionen werden individuell getroffen, es sei denn, man lässt sich eine Reise von einem Reiseunternehmen planen.

Die physische Verkettung von Bahn, Auto, Fahrrad und Flug ist seit Jahrzehnten ein verkehrspolitisches Thema unter dem Begriff Park and Ride. In den großen Bahnhöfen ist das, wie wir bereits gesehen haben, schon für das Fahrrad eine quantitative Herausforderung. Für das Auto mit seiner schlechten Flächeneffizienz ist es unmöglich, im Herzen der Städte ausreichend Parkplätze beim Bahnhof bereitzustellen. Deshalb konzentrieren sich größere Park-and-Ride-Anlagen auf mittelgroße Städte und periphere S- und U-Bahn-Stationen.

In den 1970er-Jahren hatte der SBB-Ingenieur Oskar Baumann eine kühne Idee. Er schlug vor, die Bahnlinie zwischen Zürich und St. Gallen über den Flughafen Zürich umzuleiten. Die Idee war umstritten, weil die vorgeschlagene Linienführung eine Fahrzeitverlängerung von Zürich nach St. Gallen um mehrere Minuten mit sich brachte. Trotz dieser Bedenken wurde das Projekt von allen Instanzen bewilligt und zügig umgesetzt. Am 25. April 1980 bestieg Queen Elisabeth II. als erste Passagierin im Flughafenbahnhof einen Zug. Seither wird die Idee, Hauptlinien der Bahn über Flughäfen zu führen, weltweit kopiert.

Der Startschuss für die virtuelle Verknüpfung von Verkehrsmitteln fiel 2007 mit der Lancierung des iPhone, vor allem über eines seiner zentralen Tools, die App. In kürzester Zeit gab es kaum noch Bereiche, die nicht durch Apps abgedeckt wurden. Im Bereich der Mobilität wurden in einer ersten Phase verkehrsträgerspezifische Applikationen entwickelt, zum Beispiel für die Fahrpläne der Bahn oder die Taxidienste von Uber. Dann entstanden Plattformen für intermodale Optionen im europäischen Verkehr. Go Europe, heute Omio, bietet eine Plattform an, die alle Möglichkeiten – vom Zug über das Mietauto bis zum Flug – mit den entsprechenden Zeit- und Preisangaben evaluiert. Später wurde das System mit Funktionen für Buchung und Ticketkauf erweitert. Google Maps evaluiert alle Mobilitätsvarianten mit Ausnahme des Flugverkehrs mit Zeitangaben unter Berücksichtigung der aktuellen Verkehrslage. Die in Australien entwickelte Plattform Rome2rio ist die umfassendste Plattform, die mir bekannt ist. Wenn man den Abgangsort – sagen wir Orvieto in Italien – und den Ankunftsort – sagen wir Duluth in den USA – eingibt, werden alle möglichen Transportketten mit Zeitbedarf und Preisschild angezeigt. Alle Optionen können direkt gebucht und bezahlt werden. Damit nicht genug: Es lassen sich auch Beherbergungsmöglichkeiten in Duluth anklicken und buchen, ebenso Mietwagen. Ein letzter Klick orientiert über lokale Attraktionen am Zielort.

Der parallele Boom von Digitalisierung und Mikromobilität generierte unter dem Label «smarte Mobilität» neue Applikationen für die Vernetzung traditioneller Angebote mit den neuen Mobilitätsformen im städtischen Bereich. Zum Beispiel Jelbi, von den Berliner Verkehrsbetrieben als «Bündnis für die Mobilität von morgen» angekündigt. Neben der App bietet Jelbi auch analoge Anlaufpunkte an, die Jelbi-Stationen. Das sind Knotenpunkte des öffentlichen Nahverkehrs, wo alle Mobilitätsangebote physisch gebündelt werden. Eine Art Park-and-Ride des digitalen Zeitalters. Die App liefert Fahrauskünfte, Buchungs- und Bezahlmöglichkeiten für Bus, Bahn, Roller, Fahrrad, Auto, Taxi oder Fahrgemeinschaft. Angaben über die Benutzung des Angebots lassen sich nicht finden, was angesichts der erst kürzlich erfolgten Einführung und der Auswirkungen von Corona auf die Mobilität nicht erstaunlich ist.

In Frankreich hat der Staat den Trend erfasst und umgehend reagiert. 2019 wurde ein Gesetz zur Einbindung der neuen Mobilitätsformen erlassen. Es verpflichtet die eingesessenen Unternehmen des öffentlichen Verkehrs, namentlich die Staatseisenbahn SNCF, den Anbietern digitaler, multimodaler Dienstleistungen sämtliche erforderlichen Informationen für die Distribution ihrer Angebote zu liefern.

Es ist faszinierend, in welchem Tempo sich aufgrund all dieser Initiativen die alte und neue Welt verketten, und zwar ohne einen übergeordneten Masterplan. Die Tools sind vorhanden. Es bleibt zu hoffen, dass sie in der Lage sind, Gewohnheiten aus der alten Welt aufzubrechen, insbesondere den gedankenlosen Gebrauch des privaten Autos.

10. Wie die Zukunft zu meistern ist

Die Dinge sind im Fluss. Kaum ein Mobilitätsbereich kann sich dieser Dynamik entziehen. Zum Glück: Das Ziel, bis im Jahre 2050 eine treibhausgasneutrale Welt zu schaffen, ist unerhört ambitioniert. Wenn es erreicht werden soll, muss das ganze Arsenal von Maßnahmen ausgeschöpft werden.

Monetäre Steuerung

Pioniere im Einsatz von Preisanreizen zur Ankurbelung der Nachfrage waren die damals noch privaten Bahnen in der Schweiz. Bereits Ende des 19. Jahrhunderts wurden das Halbtax- und das Generalabonnement eingeführt. Mit dem relativ günstigen Halbtax-Abonnement fährt man auf allen Strecken jederzeit zum halben Preis. Das relativ teure Generalabonnement ermöglicht freie Fahrt auf dem ganzen Netz. Beide Abonnements haben sich bis in die Gegenwart gehalten, wobei der Geltungsbereich auf alle Unternehmen des öffentlichen Verkehrs erweitert wurde. Ein Drittel der Bevölkerung in der Schweiz besitzt heute ein Halbtax- oder Generalabonnement. Das ist ein enorm hoher Anteil von «frequent travellers». Ab Ende der 1950er-Jahre wurde als Reaktion auf den aufkommenden Autoverkehr das sogenannte Sonntagsbillett lanciert (eine Fahrkarte für die Hinfahrt war am Sonntag auch für die Rückfahrt gültig). Ende der 1990er-Jahre wurde erstmals ein Pauschalfahrausweis eingeführt, der die Verkehrsspitzen entlasten sollte. «Gleis 7» richtete sich an Personen bis maximal 25 Jahre, kostete 90 Franken pro Jahr und konnte nach 19 Uhr für unbeschränkte Fahrten benutzt werden. Es entwickelte sich zum Renner unter den Studierenden.

Diese Geschichten zeigen, dass das Marketinginstrument Preis selbst mit rudimentären Methoden für verschiedene Zwecke eingesetzt werden kann: zur Kundenbindung, als Kampfmaßnahme gegen die Konkurrenz und zur Entlastung von Verkehrsspitzen.

Nach seiner Liberalisierung wurde der Preis zum zentralen Marketinginstrument im Luftverkehr und Yield Management (Nachfragesteuerung durch Kapazitätsverfügbarkeiten und Preise) zum Schlüsselwort. Ziel des neuen Ansatzes ist die Maximierung des durchschnittlichen Ertrags pro Passage. Das war der Startschuss für die Ablösung des Listenpreises durch den individuellen oder dynamischen Preis. Für die Berechnung der optimalen Preise wurden Algorithmen entwickelt. Zu Beginn konnten nur wenige Parameter berücksichtigt werden, zum Beispiel die Konkurrenzpreise, der Zeitpunkt der Buchung, Zeitpunkt der Reise, die verfügbaren Kapazitäten. Mittlerweile spricht man von dynamischer Preisgestaltung. Dank Big Data und künstlicher Intelligenz sind die Algorithmen heute in der Lage, eine nahezu unbegrenzte Anzahl von Parametern zu verarbeiten. Der größte Treiber der Entwicklung war und ist Amazon, wo auch die Daten von Kunden für die Bestimmung des optimalen Preises ausgewertet werden. Aufgrund dieser Entwicklung hat sich die anfängliche Skepsis gegen dauernd wechselnde Preise weitgehend gelegt.

Traditionellerweise ist der Bahnverkehr als offenes System konzipiert. Fahrausweise beziehen sich nicht auf eine Fahrt mit einem bestimmten Zug, sondern auf eine Relation. Dieses offene System gewährt Kundinnen und Kunden maximale Dispositionsfreiheit. Die französische SNCF war die erste europäische Bahn, die von diesem Prinzip abwich. Sie führte für den TGV-Verkehr ein dynamisches Preissystem ein, verbunden mit einer obligatorischen Platzreservation. Das Vorhaben war wegen der Reservationspflicht zunächst umstritten, wurde aber schnell akzeptiert. Die deutsche DB wollte mit einem ähnlichen System nachziehen, verzichtete aber auf die Reservationspflicht. Es zeigte sich bald, dass die Kombination von dynamischen Preisen und offenem System nicht praxistauglich war. Das Vorhaben wurde abgebrochen. Die heute verfügbaren Technologien ermöglichen Preisnachlässe auf Zügen mit schwacher Auslastung.

Anfang der 1990er-Jahre sprach noch niemand von Mobility Pricing. Die Idee einer leistungsabhängigen Schwerverkehrsabgabe (LSVA) war aus der Not geboren. Die Schweiz stand unter dem Druck der EU, das maximale LKW-Gewicht von 28 auf 40 Tonnen zu erhöhen. Zwei Zwecken sollte die LSVA genügen. Zum einen wollte man eine durch die höhere Gewichtslimite bewirkte Produktivitätserhöhung im Straßenschwerverkehr ausgleichen und damit die Konkurrenzfähigkeit der Bahn, insbesondere im Transitverkehr, erhalten, Zum anderen sollten zwei Drittel der Einnahmen in einen Fonds für den öffentlichen Verkehr fließen, namentlich zur Finanzierung der damals in Planung stehenden neuen Eisenbahntransversalen durch die Alpen. Nach einem emotionalen Abstimmungskampf wurde die Vorlage 1994 in einer Volksabstimmung angenommen. Heute ist die LSVA allseits akzeptiert.

Der erste Einsatzbereich monetärer Steuerungsinstrumente im Straßenverkehr war die Parkplatzbewirtschaftung. Hier ist die Umsetzung vergleichsweise einfach und die Wirkung beträchtlich. Grundsätzlich stehen zwei Hebel zur Verfügung: Angebot und Preis. In einer ersten Phase lag das Haugewicht städtischer Parkraumpolitik im Ersatz oberirdischer Parkplätze durch Parkhäuser, auch bedingt durch die Einführung von Fußgängerzonen. Mit der Zunahme städtischer Verkehrsprobleme wurde der Fokus auf eine Verringerung von Parkraum gelegt. In einer bald 20-jährigen Studie des schweizerischen Bundesamts für Straßenbau wurde der Zusammenhang zwischen Parkplatzgebühr und Nachfrage untersucht. Eine Gebühr von 4 Fanken pro Stunde vermindert demnach die Fahrleistung der PKW um 11 bis 16 Prozent und die Nachfrage nach Parkplätzen bei «publikumsintensiven Einrichtungen» um 15 bis 20 Prozent. An Standorten mit guter Erreichbarkeit zu Fuß, mit dem Velo und öffentlichem Verkehr ist das Reduktionspotenzial noch höher.[1] Die Digitalisierung ermöglicht heute die Einführung von flexiblen Gebühren, je nach Zeit und Ort. Park-Apps erleichtern die Parkplatzsuche und reduzieren den Suchverkehr.

Das Verkehrslaboratorium Singapur wurde bereits erwähnt. Die Bevölkerungsdichte ist dort so hoch, dass ohne steuernde Maßnahmen ein Verkehrsinfarkt wohl unausweichlich wäre. Bereits 1975 wurde eine nach Tageszeit variable Citymaut eingeführt. Seither wird das Instrument der monetären Steuerung umfassend eingesetzt. Die Kosten für das Autofahren wurden prohibitiv verteuert. Für den Kauf eines Autos benötigt man eine Lizenz, die in begrenzter Zahl versteigert wird. 2013 hatte man dafür beim Kauf eines Kleinwagens über 50 000 Euro zu zahlen. Nach zehn Jahren im Gebrauch muss ein Auto außer Betrieb gesetzt werden. 1998 wurde ein System mit elektronischem Road Pricing eingeführt. Während Autofahren in den Spitzenzeiten verteuert wird, setzt man im öffentlichen Verkehr die umgekehrten Anreize. Inhaber einer speziellen Tarifkarte fahren außerhalb der Stoßzeiten gratis. Damit konnte man 10 Prozent der Pendlerinnen und Pendler, die vorher zu Stoßzeiten gefahren sind, dazu bewegen, ihre Gewohnheiten zu ändern.[2]

Die Erfahrungen von Singapur führten vielerorts zur Diskussion, Erprobung und Einführung von Citymaut-Modellen. In London wird seit 2003 eine Congestion Charge (Staugebühr) erhoben. Stockholm lancierte 2006 einen Versuch mit einer Stausteuer. Es zeigte sich, dass Autofahrten im Innenstadtbereich um 20 Prozent abnahmen. Trotzdem blieb das Vorhaben umstritten. Die Stadtbevölkerung unterstützte es, in der Agglomeration wurde es abgelehnt. 2007 wurde die Stausteuer definitiv eingeführt und ist heute auf breiter Ebene akzeptiert. In anderen Städten wurden ähnliche Modelle wohl diskutiert, aber das Thema wurde zunehmend zur heißen Kartoffel, vor allem nachdem in Wien ein Projekt in einer Volksbefragung gescheitert war.

Typisch ist das Vorgehen in der Schweiz. 2016 genehmigte die Regierung einen Konzeptbericht über Mobility Pricing. Vorgeschlagen wurde ein modulares System mit einer einheitlichen Kilometerabgabe und Tarifdifferenzierungen in sogenannten Spitzenperimetern. Das System sollte im Rahmen eines Pilotversuchs getestet werden. Nach Gesprächen mit den interessierten Kantonen zeigte sich, dass niemand bereit war, sich für einen Versuch zur Verfügung zu stellen. In der Not beschloss man stattdessen, eine theoretische Wirkungsanalyse am Beispiel des Kantons Zug durchzuführen. Mehr als drei Jahre später wurde das Ergebnis publiziert. Die Studie kam zu dem Schluss, dass Mobility Pricing auf Straße und Schiene einen wesentlichen Beitrag zum Glätten der Verkehrsspitzen leisten könne. Die Umsetzung sei technisch machbar, aber komplex und erfordere eine lange Vorlaufzeit, der Nutzen wesentlich größer als die durch den Systemaufbau und Betrieb entstehenden Kosten. Die Vorgaben zum Datenschutz müssten eingehalten werden; in einem Gesetz für Mobility Pricing seien dafür Bedingungen zu formulieren.[3] Im Februar 2021 beschloss die Landesregierung, den Entwurf eines Gesetzes für die Durchführung von Pilotversuchen in eine Vernehmlassung zu schicken. Die Verantwortung für die Durchführung solcher Versuche soll demnach bei den Kantonen und Gemeinden liegen. Die Regierung erwartet, dass das neue Gesetz 2024 in Kraft treten kann.

Man dreht und wendet die heiße Kartoffel. Wenn alles gut geht, finden acht Jahre nach der Genehmigung des Konzeptberichts erste Pilotversuche statt. Langsamer kann es nicht mehr gehen. Die Wirksamkeit monetärer Steuerungselemente im Verkehr ist unbestritten. Mit neuen Möglichkeiten der Digitalisierung lassen sich die Umsetzungsprobleme elegant lösen. Verkehrsprobleme und die Klimakrise erzeugen einen großen Handlungsdruck. Vor allem aber gibt es einen absolut zwingenden Grund für die Einführung eines flächendeckenden Mobility Pricing: Abgaben auf fossile Treibstoffe sind die Hauptquelle für die Finanzierung der Straßeninfrastruktur. Mit der Dekarbonisierung und der Forcierung der E-Mobilität wird der Ertrag dieser Quelle ständig sinken, bis er dereinst ganz versiegen wird. Im Bericht von 2016 heißt es dazu: «Die Mineralölsteuer ist daher langfristig durch eine leistungsabhängige Verkehrsabgabe abzulösen. … Die Erarbeitung einer solchen Abgabe drängt sich bereits jetzt auf, da die Konzeption und die Umsetzung einer solchen Lösung rund 10 Jahre beanspruchen wird und sich gleichzeitig voraussichtlich die Situation schneller akzentuieren wird.»[4] Prägnanter kann man die Dringlichkeit in der Amtssprache wohl kaum ausdrücken.

Im Sinn einer Gesamtsteuerung des Verkehrs macht es Sinn, die monetären Instrumente für den privaten und öffentlichen Verkehr aufeinander abzustimmen. Dabei sollte man eine Lektion aus Singapur beherzigen. Es gibt grundsätzlich zwei Möglichkeiten, durch Preisanreize die Verkehrsspitzen zu glätten: Verteuerung während der Spitzenzeiten und/oder Verbilligung während der Schwachlastzeiten. Beim Einsatz von Preisen zur Steuerung stellt sich immer das Problem der Sozialverträglichkeit. Deshalb sollten auch Verbilligungen gezielt eingesetzt werden. Denkbar sind auch regionale Differenzierungen zur Entlastung der Landbevölkerung, die weiterhin auf das Auto angewiesen ist.

Unabhängig von allfälligen Eingriffen in den Preismechanismus werden als Folge der Dekarbonisierung die Treibstoffkosten einzelner Verkehrsmittel markant steigen – insbesondere in der Luft- und Schifffahrt, etwas weniger im LKW-Fernverkehr. Das wird sich jedenfalls dämpfend auf die Nachfrage auswirken.

Krisen

Eine Krise ist ein gewalttätiger Angriff auf den Normalzustand. Diese Attacken treten in zwei Formen auf: zum einen plötzlich (1), zum anderen schleichend (2).

1) Am 11. März 2011 um 14 Uhr 46 (Ortszeit) begann unter dem Meeresboden 163 Kilometer nordöstlich von Fukushima die Erde zu beben. Das Beben dauerte etwa zwei Minuten und

erreichte die Stärke 9,0 auf der Magnitudenskala. Um 15.35 Uhr erreichten die von dem Tsunami ausgelösten bis zu 15 Meter hohen Wellen das Kernkraftwerk in Fukushima und setzten die Notstromversorgung außer Betrieb. Die Reaktoren überhitzten sich, was vom 12. bis 16. März zu Explosionen, Bränden und Kernschmelze führte.

Praktisch gleichzeitig verbreitete sich rund um den Erdball die Ansicht, dass es sich dabei nicht bloß um eine Krise, sondern eine Katastrophe handelte. Nicht zuletzt deshalb, weil sich das Unglück in Japan ereignet hatte, dem Musterland für die Beherrschung komplexer Prozesse. Überall stellte man sich die Frage: Was heißt das für uns? Energiestrategien wurden auf den Prüfstand gestellt. Deutschland und die Schweiz verabschiedeten sich von der Kernenergie.

2) Im Dezember 2019 traten in der chinesischen Stadt Wuhan verschiedene Fälle einer unbekannten Lungenkrankheit auf. Am 31. Dezember 2019 informierten die chinesischen Behörden die WHO über die Vorfälle. Am 9. Januar 2020 wurde bekannt, dass es sich dabei um ein neuartiges Coronavirus handelt. Am 23. Januar wurde die Millionenstadt Wuhan von der Außenwelt abgeriegelt. Das Virus begann sich auch außerhalb Chinas zu verbreiten. Am 22. Februar starb in Europa erstmals ein Mensch infolge von Corona. Die Bevölkerung begann zu reagieren und deckte sich mit Klosettpapier ein. Am 12. März stufte die WHO die Verbreitung des Coronavirus als Pandemie ein. Weltweit wurden Krisenstäbe eingesetzt. In der Nacht vom 18. auf den 19. März fuhren 13 mit Särgen beladene Militärtransporter auf der Via Borgo Palazzo durch Bergamo. Die Bilder gingen weltweit viral. Erst dieser «Bergamo-Moment» offenbarte den Menschen den Ernst der Lage. Was die alte Weisheit bestätigte, dass sich der Höhlenbewohner erst dann regt, wenn der Bär vor der Höhle steht.

In einer plötzlichen Krise ist der Handlungsdruck enorm, während in einer schleichenden Krise ein urmenschlicher Mechanismus wirkt: die Verdrängung. Die Ereignisse in Fukushima ließen nicht die leiseste Verharmlosung zu. In der Coronakrise ist das «Nur eine Grippe» nie verstummt, was auch mit dem Angreifer, dem Virus, zusammenhängt: einer unsichtbaren, abstrakten Größe. Es liegt in der Natur einer Krise, dass die Gegenmaßnahmen individuelle Freiheitsrechte tangieren oder auch beschneiden. In Fukushima mussten ganze Landstriche evakuiert werden, was im Gegensatz zur Coronakrise keine Philosophen, Ökonominnen, Soziologen, Psychologinnen, Historiker, Theologinnen, Altphilologen, Grundrechteexpertinnen, Wirtschaftsführer und Leitartikelschreibende veranlasst hat, über die Einschränkung der Freiheitsrechte zu räsonieren. In einer plötzlichen Krise wäre das einfach lächerlich. Da geht es um nichts anderes, als den Normalzustand so schnell wie möglich wiederherzustellen.

Eine der für die Menschheit segenreichsten Innovationen war die im 19. Jahrhundert einsetzende Einrichtung von Kanalisationssystemen. Das kanalisierte Abwasser wurde in Bäche und Flüsse geleitet. Die Selbstreinigungskraft der Gewässer regelte die Wasserqualität, bis die Verhältnisse hier und dort zu kippen begannen. In den 1950er-Jahren wurde das Problem manifest. Die Trinkwasserqualität wurde ein Thema, mancherorts wurden Badeverbote ausgesprochen. 1954 rüttelte ein Plakat des Malers Hans Erni die Schweiz auf. Schwarzer Grundton, eine Hand, die ein Glas hält, gefüllt mit einem Totenkopf, darunter die Parole «Rettet das Wasser». 1962 beschloss das nationale Parlament Beiträge an kommunale Abwasseranlagen. Bereits 1980 waren 70 Prozent der Gewässer angeschlossen. Tausende große und kleine Kläranlagen wurden erstellt, Milliarden verbaut. Badeverbote gibt es keine mehr. Selbst bei diesem Beispiel einer schleichenden Krise brauchte es eine alarmistische Kampagne, um die Dringlichkeit bewusst zu machen und Handlungen auszulösen. Dabei war in diesem Fall die

Komplexität des Problems überblickbar und die Fakten gaben zu keinerlei Diskussionen Anlass.

Je komplexer die Ursachen-Wirkungs-Konstellation ist, desto schwieriger ist eine schleichende Krise zu erkennen und zu bewältigen. Die Coronakrise hat gezeigt, wie kontrovers die Zusammenhänge selbst im Bereich der Wissenschaft interpretiert werden. Was zeigt, dass es auch in der Wissenschaft keine absolute Wahrheit gibt. Deshalb, so die Empfehlung des Philosophen Karl Popper, solle man versuchen, Hypothesen zu falsifizieren. Je weniger das gelinge, desto wahrscheinlicher sei ihre Gültigkeit. Eine Restwahrscheinlichkeit, dass eine Hypothese falsch ist, bleibt demnach immer bestehen.

Die komplexeste aller schleichenden Krisen ist der Klimawandel. Die das Klima beeinflussenden Faktoren sind ausgesprochen vielfältig: Einfallswinkel der Sonnenbestrahlung, Sonnenaktivität, Vulkantätigkeit, Meeresströmungen, das Rückstrahlvermögen von Erdoberflächen, durch Menschen verursachte «anthropogene» globale Erwärmung. Wenn man den Horizont auf die erdgeschichtliche Dimension ausweitet, lässt sich die Liste noch ergänzen: Asteroideneinschläge, tektonische Verschiebungen, Schwächung des Erdmagnetfelds. Schließlich, um die Komplexität noch zu erhöhen, wirken mannigfache Rückkoppelungseffekte.

Der Ire John Tyndall war Forscher und Bergsteiger. Er untersuchte die Bewegungen von Gletschern und stellte als Erster die Hypothese auf, dass die Konzentration von Treibhausgasen einen Einfluss auf die Eismasse habe. Unsterblich hat er sich 1861 mit der Erstbesteigung des Weisshorns, einem der formschönsten Berge der Alpen, gemacht. Noch heute betrachtet er von seinem Denkmal auf der Belalp das Weisshorn. Zu Beginn des 20. Jahrhundert wurde erstmals die These vertreten, dass die industrielle Freisetzung von Kohlenstoffdioxid zu einem Temperaturanstieg führt.

100 Jahre Forschung und immer detailliertere Klimamodelle

haben zu einem Konsens unter einer überwiegenden Zahl von Forschern geführt: Die Wahrscheinlichkeit, dass der Temperaturanstieg der letzten 60 Jahre durch anthropogene Faktoren verursacht wurde, beträgt 99,999 Prozent.[5] Im Unterschied zu den vorindustriellen Klimaschwankungen tritt die Erderwärmung auf allen Kontinenten auf. Besorgniserregend ist insbesondere die im historischen Maßstab einzigartige Beschleunigung der Veränderungen. Aufgrund dieser Befunde wurde die internationale Staatengemeinschaft aktiv. 1992 wurde ein Rahmenabkommen der Vereinigten Nationen über Klimaänderungen abgeschlossen und von 197 Staaten unterschrieben. Seit 1995 findet jährlich ein Weltklimagipfel statt. 2007 wurde ein Zwischenstaatlicher Ausschuss für Klimaänderungen eingesetzt (IPCC), der in regelmäßigen Berichten Lageanalysen und Prognosen publiziert. Beim Klimagipfel 2015 in Paris wurde als verbindliches Ziel die CO_2-Neutralität bis 2050 gesetzt. Alle Vertragsstaaten verpflichten sich, Maßnahmen zur Erreichung dieses Ziels zu ergreifen. Mittlerweile weisen sogar die Rückversicherer auf den Ernst der Lage hin. Der Kampf gegen die Erderwärmung lohne sich, «weil jedes zusätzliche Zehntel auch die Gefahr extremer Ereignisse erhöht».[6]

Die Veränderung des Klimas ist nur *eine* Folge der offensichtlichen Übernutzung des Planeten. Der Ressourcenverbrauch verdoppelt sich alle 20 Jahre. Damit wird die Lücke zwischen dem Verbrauch und dem, was die Erde erneuern kann, immer größer. Allein das Wachstum des Abfalls hat gigantische Ausmaße erreicht. Die Weltmeere sind mit Plastikmüll verseucht und werden leergefischt. Das anhaltende Bevölkerungswachstum erhöht den Druck auf die Natur. Die Artenvielfalt nimmt in beängstigendem Maß ab. Immer drängender stellen sich Fragen wie: Gibt es einen Kippeffekt? Wann könnte das sein? Was sind die Auswirkungen? Eines scheint evident: Einfach so weiterzumachen ist keine Option. Ansatzpunkte für eine Trendumkehr sind schon lange bekannt: 1) Steigender Wohlstand und Bildungstand, namentlich von Frauen, führt zu einer Abnahme der Geburtenrate;

2) in der «Kreislaufwirtschaft» sollen Produktion und Verbrauch so organsiert werden, dass bestehende Materialien und Produkte so lange wie möglich geteilt, geleast, wiederverwendet, repariert, aufgearbeitet und recycelt werden.

«Was zur Debatte steht, ist die Zukunft der Wirtschaftsordnung. Funktioniert unser Leben, unser Konsum nicht auch ohne Müll?»[7] Die Übernutzung der Welt hat ein Ausmaß erreicht, das dringend nach Gegensteuer ruft. Die Vereinten Nationen haben 2016 die «Agenda 2030 für eine nachhaltige Entwicklung» in Kraft gesetzt. 193 Nationen haben sich verpflichtet, an der Realisierung der 17 Ziele – darunter die Minimierung der Abfallmenge und Maximierung von Recycling – mitzuwirken.

Die Grundsätze des Krisenmanagements sind unabhängig von der Art des «gewalttätigen Angriffs auf die Normalität». Sie unterscheiden sich immer von einer Führung in normalen Zeiten. Krisenvorbereitung gehört zu den Grundaufgaben jeder Institution. Basis dafür ist ein regelmäßig durchgeführtes Risikomanagement. Zum Kern der Krisenvorbereitung gehört die Festlegung der Organisation und der Prozesse. Im Zentrum der Krisenorganisation steht der Krisenstab. Gemäß Organisationslehre ist ein Stab ein Organ zur Vorbereitung von Entscheidungen, was in der Praxis jedoch unrealistisch ist. Als am 22. Juni 2015 auf dem gesamten Netz der SBB der Strom ausgefallen war, musste der mit Energiespezialisten bestückte Krisenstab mit oberster Priorität das Stromnetz wieder hochfahren. Alle dafür notwendigen Entscheidungen fällte er selbstständig. Wer einen Krisenstab leitet, muss aber ein feines Gespür für Entscheidungsebenen haben. Deshalb müssen die Führungsorgane einer Institution und ihr Krisenstab regelmäßig durch Übungen auf ihre Funktionsfähigkeit getestet werden.

Die Stadt New Orleans stufte Wirbelstürme als eines der folgenschwersten und wahrscheinlichsten Risiken ein. Konsequenterweise erarbeitete sie einen Comprehensive Emergency Management Plan. Als Ende August 2005 der Hurrican Katrina mit kaum je erlebter Wucht über die Küste hinwegfegte, ging trotzdem ziemlich alles schief, sodass die Federal Emergency Management Agency eingreifen musste. Dies zeigt, dass der beste Notfallplan nicht greift, wenn die oberste Führung überfordert ist. Schon Macchiavelli hat dem Fürsten empfohlen, er solle sich nach der Devise «Enfin les difficultés commencent» (Endlich beginnen die Schwierigkeiten) verhalten. In schwierigen Situationen könne er zeigen, was er wirklich kann.

Man könnte also sagen, dass eine Krise dann als Krise anerkannt wird, wenn ein Krisenstab eingesetzt wird. Grundsätzlich. Aber würde es Sinn machen, im Fall der Klimakrise einen Krisenstab einzusetzen, der bis ins magische Jahr 2050 in Aktion stünde? Wohl kaum. Um die ambitionierten Vorgaben umzusetzen, müssen aus Strategien Projekte werden. Projektmanagement ist eine wohldefinierte Disziplin. Ein Schlüsselprojekt, so die Lehrmeinung, sollte außerhalb der Linienorganisation direkt der obersten Führung einer Institution rapportieren. Damit ähnelt sie der Krisenorganisation.

Dass der Führungsmodus der Normalität in der Krise versagt, gilt besonders für die Sphäre der Politik in demokratischen Gesellschaften. Der große Soziologe Max Weber hat die Politik als das «langsame Bohren dicker Bretter» beschrieben. Das ist das Problem bei der Klimakrise. 2050 ist weit, sehr weit weg. Man hat Zeit, sehr viel Zeit. Vermeintlich. Also bohrt man weiterhin langsam durch dicke Bretter.

Am 20. August 2018, an ihrem ersten Schultag nach den Sommerferien, ging Greta Thunberg nicht zur Schule, sondern setzte sich mit einem Schild «Schulstreik für das Klima» vor den Schwedischen Reichstag. Gegen den Willen ihrer Eltern und Lehrer setzte sie ihre Aktion Tag für Tag fort, bis zur Reichstagswahl Anfang September.

Das 15-jährige Mädchen blieb nicht allein, ihre Aktion lancierte eine weltweite Klimabewegung. Überall auf der Welt kämpfen junge Menschen für einen radikalen Wandel in der Klimapolitik, mit dem unschlagbaren Argument: Es geht um unsere

Zukunft. Damit ist es ihnen gelungen, das Problem aus dem traditionellen, ideologisch verseuchten Muster zu befreien. Die Parlamente und Regierungen wurden grüner. Bürgerliche Parteien wurden gezwungen, sich klimapolitisch neu zu positionieren. Parlamente befassten sich mit der Frage, ob der Klimanotstand ausgerufen werden sollte.

In der Debatte zwischen der Klimajugend und den politischen und wirtschaftlichen Entscheidungsträgern treffen zwei Welten aufeinander. These und Antithese: hier die Forderung nach Radikalität, dort die sorgfältige, langsame, absichernde Erarbeitung von mehrheitsfähigen Konsenslösungen. Angesichts der Dimension der Krise müsste man sich im Sinn einer Synthese auf den Grundsatz der «radikalen Pragmatik» einigen können. Radikal ja, aber dem Kriterium der praktischen Realisierbarkeit genügend.

Wir dürfen der jungen Generation danken. Sie hat schon viel erreicht. Das Bewusstsein für die Dringlichkeit von Maßnahmen gegen den Klimawandel ist ein anderes als vorher. Und das ist die erste Voraussetzung, damit sich Entscheidendes bewegt.

Ambition

Im Pariser Klimaübereinkommen haben sich die Staaten verpflichtet, die Treibhausgasemissionen bis 2050 auf netto-null zu senken, und zwar mit der höchstmöglichen Ambition – «with the highest possible ambition». Das ist ein in der nüchternen Amtssprache selten scharfer Appell, um die Ernsthaftigkeit, hohe Priorität und Dringlichkeit der Aufgabe zu betonen. Die Vertragsstaaten waren angehalten, bis Ende 2020 ihre langfristigen Strategien über ihren Weg zur treibhausgasfreien Gesellschaft einzureichen. Das haben 75 der 197 Staaten getan. In einer ersten Verlautbarung zeigt sich die UNO über die Ergebnisse enttäuscht: Das Niveau der Ambitionen sei zwar angehoben worden, die Wirkung insgesamt aber bleibe ungenügend.

Die drei deutschsprachigen Staaten haben ihre Strategien fristgerecht eingereicht. Die Texte enthalten viele Ähnlichkeiten, aber auch einige überraschende Unterschiede. Zunächst muss jedes der drei Länder eingestehen, dass es die in der Vergangenheit gesetzten Ziele nicht erreicht hat. In der Schweiz zum Beispiel wurde das Ziel, die Treibhausgasemissionen im Vergleich mit 1990 um 20 Prozent zu senken, klar verfehlt. Vier von fünf Sektoren (Haushalte, Dienstleistungen, Industrie, Landwirtschaft) konnten den Ausstoß signifikant verringern. Die Emissionen im Verkehr haben hingegen sogar leicht zugenommen. Dabei sind in dieser Rechnung die internationalen Flüge nicht einmal enthalten. (Deren Ausstoß hat im Betrachtungszeitraum um 75 Prozent zugenommen.)[8]

Beim obersten Ziel gibt es bemerkenswerte Nuancen. Österreich strebt ohne Wenn und Aber die Klimaneutralität an; Deutschland die *weitgehende* Treibhausgasneutralität; die Schweiz das Senken der Treibhausemissionen auf netto-null (die 2050 noch ausgestoßenen CO_2-Emissionen müssen der Atmosphäre vollständig und dauerhaft entzogen werden).

Übereinstimmung herrscht bei der Dekarbonisierungsstrategie. Der Königsweg führt über die Elektrifizierung auf Basis erneuerbarer Energien, namentlich in den Bereichen Gebäude, Industrie und Verkehr. Außerdem sollen in sämtlichen Bereichen alle Möglichkeiten zur Steigerung der Effizienz genutzt werden. Die technischen Ansätze der drei Länder im Bereich der Mobilität gleichen sich: elektrifizierte Antriebe, Einsatz von strombasierten und Biokraftstoffen, Aufbau einer Ladeinfrastruktur. Das Autoland Deutschland setzt mit der Förderung der Leichtbautechnologie beim Karosseriebau einen weiteren Akzent.

So einig man sich bei der Entwicklung klimafreundlicher Technologien ist, so unterschiedlich sind die übrigen Ansätze im Bereich der Mobilität. Österreich will der Maxime «vermeiden, verlagern, verbessern» folgen. Als einziges der drei Länder spricht man explizit von einer «Verkehrs- bzw. Mobilitätswende». Der

Weg dahin soll über lokale Wirtschaftskreisläufe, eine intelligente Raumordnung und die Stärkung der Städte und Ortskerne nach dem Prinzip der kurzen Wege führen. Die damit einhergehende Förderung der Mobilität zu Fuß oder mit dem Rad erhöht die Lebensqualität. Durch die Digitalisierung der Arbeitswelt rücken Wohn- und Arbeitsort näher zusammen, was die Mobilität insgesamt verringert. Damit einhergehen soll ein Kulturwandel, den man mit dem Begriff «Life Styles 2050» umschreibt.

Auch im deutschen Klimaschutzplan ist die «Stadt der kurzen Wege» 2050 ein zentrales Anliegen. Fuß- und Radverkehr sollen signifikant ansteigen. Öffentliche Verkehrssysteme und neue Mobilitätsangebote werden intelligent verknüpft. Außerdem wird ein Schwergewicht auf Automatisierung und Vernetzung gelegt. Damit sollen die Verkehrsflüsse verstetigt, der Berufsverkehr reduziert und die Logistikprozesse optimiert werden. Den Klimaschutz auf allen Ebenen vorantreiben, das wird auch in diesem Bericht als «Gesellschaftsprojekt» begriffen.

Die langfristige Klimastrategie der Schweiz beschränkt sich auf technokratische Aspekte. Digitalisierung und Verlagerung auf die Schiene werden zwar als Möglichkeiten genannt, aber ohne ins Detail zu gehen. Im Vergleich mit den beiden anderen Strategien fällt auf, dass weder von einer Stadtentwicklung noch vom Fuß- und Radverkehr die Rede ist, auch nicht von einem Gesellschaftsprojekt.

Aus den drei Papieren wird ersichtlich, dass die Situation im Luftverkehr am heikelsten ist. Wohl deshalb wird dieser in der österreichischen Strategie nicht einmal erwähnt. Im deutschen Klimaschutzplan 2050 nimmt der Luftverkehr weniger Raum ein als der Fuß- und Radverkehr. Als konkreteste Maßnahme wird die Erarbeitung eines Konzepts für strombasierte Kraftstoffe angekündigt. In der schweizerischen Strategie findet sich immerhin das Ziel eines im Jahr 2050 «netto möglichst keine Klimaemissionen mehr verursachenden Luftverkehrs», um danach die Teilnahme am Programm CORSIA zu erwähnen, das sich mit dem

Ziel bescheidet, ein CO_2-neutrales Wachstum des Luftverkehrs anzustreben.

Schließlich unterscheiden sich die drei Papiere bezüglich des weiteren Vorgehens. Am konkretesten ist der deutsche Bericht, der drei Elemente erwähnt: Meilensteine und Ziele für alle Sektoren bis 2030; strategische Maßnahmen für jedes Handlungsfeld; Etablierung eines lernenden Prozesses. Für die Prozessführung wird eine Kommission «Wachstum, Strukturwandel und Regionalentwicklung» eingesetzt, die beim Bundesministerium für Wirtschaft und Energie angesiedelt ist. Im österreichischen Bericht findet sich immerhin ein Schlusskapitel über Governance, allerdings ohne substanzielle Inhalte. Der schweizerische Bericht spart das Thema ganz aus.

Das viele Papier sorgt nur dann für Veränderungen, wenn ein adäquates Vorgehen definiert wird. Was für Unternehmen gilt, ist auch auf der politischen Ebene richtig: Für die Umsetzung einer Strategie muss ein Projekt definiert werden mit den Elementen: Ziele, Zwischenziele, Termine, Meilensteine, Budget, Projektorganisation, Reporting. Von entscheidender Bedeutung ist die Personalisierung der Verantwortung. Die Projektorganisation ist außerhalb der Linienorganisation anzusiedeln.

Der Weg zur Klimaneutralität bewirkt im Bereich Verkehr einen massiven Anstieg der Nachfrage nach grüner elektrischer Energie. Dazu kommt ein durch die mannigfachen Digitalisierungsinitiativen ausgelöster erheblicher zusätzlicher Strombedarf. So ist zum Beispiel die Blockchain-Technologie ein massiver Stromfresser. In anderen Bereichen lässt sich die Energieeffizienz maßgeblich steigern. Die Internationale Energieagentur (IEA) geht in ihrem Bericht vom Mai 2021 davon aus, dass die Energienachfrage in 30 Jahren um 8 Prozent sinkt.[9] Für 2020 konnte ein Rekord vermeldet werden: Der Anteil erneuerbarer Energien ist weltweit auf 39 Prozent gestiegen. Das ist die gute Nachricht. Die schlechte: Noch immer stammen 61 Prozent aus nicht erneuerbaren Quellen. Dazu kommt, dass in näherer Zukunft die heute noch von Kohle- und Kernkraftwerken erzeugte Energie ersetzt werden muss. Kein Wunder, dass sich das Tabuwort Atomenergie wieder zu verbreiten beginnt. Auch die IEA geht davon aus, dass Atomkraft braucht, um die Grundversorgung zu gewährleisten. Eine erfolgreiche Klimapolitik ist jedenfalls nur möglich, wenn es gelingt, genügende Mengen grüner Energie zu erzeugen, zu übertragen und zu verteilen. Das erfordert einen veritablen Kraftakt. Klar ist: Ohne Energiewende keine Verkehrswende.

Im Sektor Mobilität löst die Dekarbonisierung allerdings nur einen Teil des Problems. Ebenso anspruchsvoll ist das quantitative Problem, das heisst die Sicherung eines akzeptablen Verkehrsflusses trotz zunehmender Gesamtmobilität. Die Geschichte der letzten 20 Jahre zeigt, dass der Handlungsbedarf in keinem Sektor so groß ist wie im Verkehr.

«Weiter so» ist keine Option. Wenn die erforderlichen Maßnahmen mit der gleichen lauen Ambition und dem gemächlichen Rhythmus wie bis anhin realisiert werden, lassen sich die ambitionierten Ziele nicht annähernd erreichen. Wer Veränderungen «with the highest possible ambition» in Gang setzen will, muss den gewohnten politischen Trott verlassen. Das Beispiel von Bahn 2000 zeigt, was möglich ist. Die Idee für das neue Netzkonzept wurde 1984 entwickelt, 1985 das Konzept von der Regierung genehmigt. 1986 fanden die parlamentarischen Beratungen statt. Ende 1987 stimmten die Schweizer Stimmbürgerinnen und Stimmbürger zu. Im Vergleich dazu: Zwischen der Aufnahme der Arbeit am ersten Bericht über Mobility Pricing bis zur Durchführung eines Pilotversuchs werden mindestens sieben Jahre vergangen sein. Wenn das der Maßstab für die Umsetzungsgeschwindigkeit bliebe, dürften bis zur flächendeckenden Realisierung nochmals fünf Jahre verstreichen. Und das für eine Maßnahme, der im Bericht von 2016 ein gutes Kosten-Nutzen-Verhältnis beschieden wurde. Langsamer kann man nicht mehr bohren.

In Deutschland hat ein Urteil des Verfassungsgerichts dem langsamen Bohren dicker Bretter ein abruptes Ende bereitet. Darin wird das Pariser Klimaabkommen als rechtliche Verpflichtung bezeichnet, einklagbar durch die junge Generation. In kürzester Zeit wurde ein neues Klimaschutzgesetz erlassen. Keine Frage, nun geht es um die «highest possible ambition». Bis 2030 sollen die Treibhausgasemissionen gegenüber 1990 um 65 Prozent sinken, 10 Prozent mehr als ursprünglich vorgesehen. De facto heißt das, dass ab 2030 «praktisch keine Verbrennungsmotoren mehr verkauft werden dürften».[10]

Die Geschichte der letzten Jahre zeigt, wie wichtig private Initiative und marktwirtschaftliche Mechanismen sind. Ohne die Entschlossenheit von Tesla stünde die Automobilindustrie nicht da, wo sie heute steht. Aber auch nicht ohne die sukzessiv strengere Regulierung von Abgasgrenzwerten und maximalem durchschnittlichem CO_2-Ausstoß pro Flotte. Bei aller Euphorie über Intelligent Transport Systems sollte man nicht vergessen, wie wirksam die Selbststeuerung in der Vergangenheit war und auch in Zukunft sein wird. Dafür muss genügend Freiraum erhalten bleiben. Das optimale Zusammenspiel von Markt und Staat ist der Schlüssel auf dem Weg in die CO_2-Neutralität.

Der Bär steht vor der Höhle. Jetzt braucht es:

1) den politischen Willen, die Klimafrage mit oberster Priorität anzugehen;
2) das Bewusstsein für die Dringlichkeit der Umsetzung wirkungsvoller Maßnahmen;
3) den Aufbau einer potenten Projektorganisation.

Ziele und Aktionsfelder

Zur Erinnerung: Der kritische Weg zur Erreichung der Klimaziele führt über eine erfolgreiche Energiestrategie. Erfolgreich ist diese Strategie, wenn der Strom bis ins Jahr 2050 klimaneutral in ausreichenden Mengen erzeugt, übertragen und verteilt werden kann. Nur wenn das gelingt, ist die Dekarbonisierung im Verkehr möglich. Im Folgenden wird von einer erfolgreichen Umsetzung der Energiestratege ausgegangen. Sollte sich abzeichnen, dass diese Annahme zu optimistisch ist, wären nicht mehr radikal-pragmatische, sondern radikale Maßnahmen erforderlich.

Wenden wir uns dem quantitativen Problem der Mobilität zu. Das übergeordnete Ziel ist die Sicherstellung eines akzeptablen Verkehrsflusses. Im Gegensatz zur Dekarbonisierungsstrategie geht es hier nicht primär um eine technologische Herausforderung. Zwar spielt auch hier die Technologie eine wichtige Rolle, daneben sind aber auch soziokulturelle Dimensionen von Bedeutung. Auf dem Weg zur Verkehrswende sind folgende Teilziele anzustreben: 1) Erhalt der Bewegungsfreiheit; 2) Steigerung der Lebensqualität; 3) Sicherstellung der Lieferketten und der Versorgung mit Gütern und Dienstleistungen; 4) Sicherstellung der Mobilität in ländlichen Räumen; 5) Sicherstellung der Mobilitäts-Grundversorgung; 6) Erhaltung der Substanz und maßvoller Ausbau der Verkehrsinfrastruktur; 7) Sicherstellung der Finanzierbarkeit des privaten und öffentlichen Verkehrs.

Für die Umsetzung gelten zwei Grundsätze: 1) maximale Nutzung der bestehenden Infrastrukturen; 2) wesensgerechter Einsatz der Verkehrsmittel.

Dabei ist das Kriterium der Sozialverträglichkeit zu beachten. Das gilt für allfällige finanzielle Zusatzbelastungen. Zudem sollte die während der letzten Jahrzehnte erfolgte Demokratisierung von Mobilität erhalten bleiben.

Der Maßnahmeneinsatz lässt sich in sechs Aktionsfelder aufteilen:

1) Infrastruktur: Erhaltung der Substanz; Maximierung der Nutzung; maßvoller Ausbau, Sicherstellung der Finanzierung.
2) Grundversorgung: Stärkung des öffentlichen Nahverkehrs; Sicherung der Grundversorgung in ländlichen Räumen; Sicherstellung der Finanzierung.
3) Stadtentwicklung: Stadt der kurzen Wege; von der Funktions-

trennung zur Funktionsdurchmischung; Stärkung des Fuß- und Radverkehrs; Förderung sinnvoller Entwicklungen in der Mikromobilität; Reduktion des Autoverkehrs; Optimierung der Ver- und Entsorgung; Erhaltung einer vielfältigen Struktur von Läden und kulinarischen Angeboten

4) Güterverkehr: Klarheit über die Zukunft des Bahn-Güterverkehrs; Optimierung der Ver- und Entsorgung in Agglomerationen; optimale Nutzung der Autobahnen

5) Luftfahrt: Verlagerung des Kurzstreckenflugverkehrs auf die emissionsärmeren Verkehrsmittel Bahn und Bus. Wir haben gesehen, dass diese Branche hinsichtlich Klimaneutralität zwischen Resignation und Kapitulation schwankt. Hier gilt es, die Zeit «with the highest possible ambition» zu nutzen, um bezüglich Dekarbonisierung mindestens eine markante Trendwende herbeizuführen. Andernfalls kann eine Reduktion der Immissionen nur durch eine Reduktion der Flugbewegungen erreicht werden.

6) Mobilitätskultur: bewusste Mobilitätsentscheidungen unter Beachtung des ökologischen Fußabdrucks; entspanntes Verkehrsklima dank friedlicher Koexistenz im Verkehrsgeschehen; Abbau der Rollenkonflikte; Gelassenheit und Rücksicht.

Werkzeuge

1) Infrastrukturplanung: Sie umfasst die Substanzerhaltung, Erneuerung und den Ausbau von Schiene und Straße. Dank der Möglichkeiten der Digitalisierung kann die Kapazität bestehender Infrastrukturen auf Straße und Schiene deutlich erhöht werden. Auch bereits beschlossene Infrastrukturerweiterungen sind noch einmal zu hinterfragen. Erweiterungen sollten nur noch in Angriff genommen werden, wenn der Grenznutzen die Grenzkosten signifikant übersteigt. Höchste Priorität hat der Auf- bzw. Ausbau der Ladeinfrastruktur für

die E-Mobilität auf der Straße. Wenn man den niederländischen und dänischen Erfahrungen folgt, ist das Verhältnis von Grenzkosten und Grenznutzen beim Ausbau von Radwegen in Agglomerationsräumen günstig. Von hoher Dringlichkeit ist die Justierung der Strategien im Bahngüterverkehr. Der Einzelwagenladungsverkehr ist nicht mehr wesensgerecht. Wenn man ihn aufgibt, wird für den Personenverkehr nutzbare Kapazität frei.

2) Digitalisierung: das Allzweck-Tool, das in manchem Aktionsfeld eine entscheidende Rolle spielt. Im Straßenverkehr unterstützen sich zwei Entwicklungen gegenseitig: Fahrzeuge, die immer mehr zu rollenden Computern werden und Intelligent Transport Systems. Zentrale, automatisierte Steuerung erhöht den Durchsatz der Straße. Das Optimierungspotenzial durch Verkehrssteuerung ist im Schienenverkehr noch größer. Monetäre Steuerungsmaßnahmen lassen sich dank digitaler Techniken zielgenau und kostengünstig einführen. Ideen für eine optimierte Ver- und Entsorgung in den Städten basieren auf digitalen Techniken, ebenso die bereits erfolgreich eingeführten Läden für den täglichen Bedarf, die den Einkauf per App in Randgebieten ermöglichen, rund um die Uhr, ohne Personal, mit automatisiertem Nachschub. Was auch auf dem Land zu kürzeren Wegen führt. Gegebenenfalls ermöglichen digitalisierte Bus-on-Demand-Systeme eine effizientere Mobilitätsgrundversorgung in schwach besiedelten Gegenden.

3) Raumplanung: das Instrument, um die Funktionen innerhalb der Städte und Agglomerationen wieder zu durchmischen, die Anzahl der Parkflächen so weit wie möglich zu reduzieren, dem Fußverkehr Raum zurückzugeben und eine weitere Zersiedelung zu stoppen.

4) Umwidmung von Verkehrsflächen: das Instrument, um den knappen Verkehrsraum in den Städten gemäß den Kriterien Durchsatz und Flächeneffizienz auf die wesensgerechten Verkehrsmittel auszurichten.

5) Förderung des Fahrradverkehrs: klassische und elektrisch betriebene Fahrräder ersetzen das Auto auf Kurzdistanzen. Die Blaupause für das Vorgehen liefern Holland und Kopenhagen. Zu beachten: Zur Infrastruktur gehören auch ausreichende Abstellanlagen.
6) Gefäßgröße: das Instrument, um den Durchsatz im Kollektivverkehr in allen seinen Formen zu erhöhen.
7) Finanzierungsmodelle: die Instrumente, um Unterhalt, Erneuerung und Erweiterung der Straßen und Schieneninfrastruktur langfristig zu sichern. Von hoher Dringlichkeit sind neue Lösungen im Straßenverkehr. Was sich heute abspielt, ist paradox. Die Elektrifizierung des Straßenverkehrs wird mit öffentlichen Mitteln gefördert, was gleichzeitig die Substanz der Straßenfinanzierung, die auf Treibstoffzöllen beruht, untergräbt, bevor neue Finanzierungsquellen erschlossen sind.
8) Monetäre Steuerung: Das Instrument, um die Auslastung zu verstetigen, Parkraum zu bewirtschaften, Einnahmen für die Infrastrukturfinanzierung zu generieren und Verhaltensänderungen zu erzeugen. Zur Disposition stehen auch steuerliche Anreize, zum Beispiel Abzüge für Fahrten zur Arbeit.
9) Regulierung: das Instrument, um den Umgang mit den neuen Technologien zu regeln und Anforderungen, Einschränkungen und Verbote festzulegen. Themen sind beispielsweise Vorgaben für die Ladeinfrastruktur, Voraussetzungen für das automatisierte Fahren, Regulierung des Kurzstreckenflugverkehrs oder die Aufhebung des Nachtfahrverbots auf den Autobahnen.
10) Kommunikationskampagnen: das Instrument zur Veränderung der Mobilitätskultur, ergänzt durch Verkehrserziehung in Schulen und Kindergärten.
11) Nudging: das Instrument, das mit «sanftem Schubsen» Verhaltensveränderungen erzeugt. Nudges appellieren nicht an die Vernunft, sondern versuchen im Unterbewusstsein abgelegte Verhaltensmuster zu beeinflussen. Beispielsweise der

Schrittzähler auf dem Smartphone, der mich täglich mit einem grünen Sternenregen beglückt, wenn ich 10 000 Schritte erreicht habe. Was doppelt befriedigt: gut für Gesundheit und gut für das Klima. Viele Nudges beruhen auf der Erkenntnis, dass systematisches Feedback das Verhalten nachhaltig verändern kann. Offenbar sind Geschwindigkeitsanzeigen mit dem grünen Smiley effektiver als Radarkontrollen mit Sanktionen. Es wird an der Entwicklung eines Geräts gearbeitet, das den ökologischen Fußabdruck anzeigt. Das wäre in der Tat ein Instrument, das nachhaltige Verhaltensänderungen erzeugen könnte, nicht zuletzt, um Mobilitätsentscheidungen dem Diktat des Unterbewussten zu entziehen.

Verkehrswende

In der Unternehmenswelt firmieren Strategien im Fall von schleichenden Krisen in der Regel unter dem Label Turnaround. Das heißt nichts anderes, als auf die Bremse treten und das Steuer herumreißen.

Die Verkehrswende ist zwingend und dringend. Sie ist machbar, auch finanziell und in einer Weise umsetzbar, dass die Freiheit der Mobilität erhalten bleibt *und* die Lebensqualität steigt. Tabelle 1 fasst die Ziele, Aktionsfelder und Instrumente im Sinn einer Blaupause zusammen.

Die Ingredienzen, die es für die Umsetzung braucht, sind politischer Wille, Bewusstsein für die Dringlichkeit, technischer Fortschritt sowie tatkräftige, kluge Köpfe in einer effizienten Umsetzungsorganisation. Von der Illusion, es gäbe einige wenige Hebel, um die Situation zu verändern, muss man sich verabschieden. Im Gegenteil: Nur eine konzertierte Aktion, die den ganzen Werkzeugkasten einsetzt, führt zum Erfolg.

Wenn dies gelingt, hat sich die OD-Matrix im Jahr 2050 markant verändert. Die interkontinentalen Verkehrsströme haben an Gewicht verloren. Die Verkehrsspitzen sind weniger ausgeprägt, die Verkehrsinfrastrukturen gleichmäßiger ausgelastet. In den Städten haben sich Cluster von Bewegungen in den Quartieren gebildet, die Bewegungen sind dichter geworden, die Wege kürzer und werden zum überwiegenden Teil zu Fuß und mit Mikromobilitäts-Verkehrsmitteln zurückgelegt. Mobilitätsentscheidungen werden unter Berücksichtigung des ökologischen Fußabdrucks getroffen. Und es hat sich eine Verkehrskultur entwickelt, die von Gelassenheit und gegenseitigem Respekt geprägt ist.

Die obersten Ziele

1 Dekarbonisierung des Verkehrs

2 Sicherung eines akzeptablen Verkehrsflusses:

- Erhaltung der Bewegungsfreiheit
- Steigerung der Lebensqualität
- Sicherstellung der Lieferkettung und der Versorgung
- Sicherstellung der Mobilität in ländlichen Räumen
- Sicherstellung der Mobilitäts-Grundversorgung
- Erhaltung der Substanz und maßvoller Ausbau der Verkehrsinfrastruktur
- Sicherstellung der Finanzierbarkeit des privaten und öffentlichen Verkehrs

Grundsätze

1 Maximale Nutzung bestehender Infrastrukturen

2 Wesensgerechter Einsatz der Verkehrsmittel

Randbedingung: soziale Verträglichkeit

Aktionsfelder	Werkzeuge
1 Infrastruktur	1 Infrastrukturplanung
2 Grundversorgung	2 Digitalisierung
3 Stadtentwicklung	3 Raumplanung
4 Güterverkehr	4 Umwidmung von Verkehrsflächen
5 Luftfahrt	5 Förderung Fahrrad
6 Mobilitätskultur	6 Gefäßgröße
	7 Finanzierungsmodelle
	8 Monetäre Steuerung
	9 Regulierung
	10 Kommunikation
	10 Nudging

Tabelle 1: Blaupause für die Verkehrswende

Dank

Je komplexer das Thema, desto wichtiger ist ein erstes Lektorat aus Sicht des gesunden Menschenverstands. Ich bin glücklich, dass Verena alle Kapitel in der Erstfassung gelesen und mich auf Verständlichkeitsmängel und Ungereimtheiten aufmerksam gemacht hat.

Die Dinge im Bereich der Mobilität sind in beeindruckender Weise im Fluss. Kaum ein Tag, an dem nicht eine der hier angesprochenen Fragen in den Medien behandelt wird. In der Sache ist diese Dynamik außerordentlich positiv. Für den Autor bedeutet es, dass er gut daran tut, seinen Entwurf einem hochkarätigen und kritischen Fachlektorat zu unterbreiten. Eva Juhasz, promovierte Ökonomin, kennt den öffentlichen Verkehr von der Pike auf, zuletzt als Leiterin des Amts für den öffentlichen Verkehr des Kantons Basel-Landschaft. Josef Egger, ETH-Ingenieur, leitete die Informatik bei der Swissair und später bei den SBB. Ihre kritischen Bemerkungen haben mich vor technischen Irrtümern bewahrt und mir für die Strukturierung und die Redaktion des Textes wertvolle Hinweise geliefert.

Für den Feinschliff des Textes sorgte die Lektorin Sigrid Weber. Ihr untrüglicher Blick für Ungereimtheiten, zusätzlichen Erklärungsbedarf und ihr Gespür für einen noch besseren Ausdruck haben diesem Buch gutgetan.

Abkürzungsverzeichnis

ADAC	Allgemeiner Deutscher Automobil-Club
ACS	Automobil Club der Schweiz
ATAG	Air Transportation Action Group
DB	Deutsche Bahn
CCS	Carbon Capture and Storage
CORSIA	Carbon Offsetting and Reduction Scheme for International Aviation
ERMTS	European Rail Traffic Management System
ETCS	European Train Control System
IATA	International Air Transport Association
ICAO	International Civil Aviation Organization
IEA	Internationale Energieagentur
IMO	International Maritime Organization
IPCC	Integrated Pollution Prevention and Control (Zwischenstaatlichter Ausschuss für Klimaänderungen)
ITS	Intelligence Transport Systems
LNG	Liquefied Natural Gas
ÖBB	Österreichische Bundesbahn
OD-Matrix	Darstellung der Bewegungen vom Abgangsort zum Ziel
PSO	Public-Service-Obligation, von der öffentlichen Hand abgegoltene Verpflichtungen im Rahmen der Grundversorgung
SBB	Schweizerische Bundesbahnen
TEU	Twenty-foot Equivalent Unit (20-Fuß-Standard-container
TGV	Train à grande vitesse, französischer Hochgeschwindigkeitszug

Anmerkungen

1. Vom Wert der Mobilität

1 Kaschuba, Wolfgang: Die Überwindung der Distanz. Zeit und Raum in der europäischen Moderne, S. 43, 79 ff., S. 84, 100, 180 ff., 188, 221 f.
2 Bohn, Robert: Geschichte der Seefahrt, München 2011, S. 14.
3 Kaschuba, a. a. O., S. 43.
4 Bohn, Robert: Geschichte der Seefahrt, München 2011, S. 14.
5 Heine, Heinrich: Gesamtausgabe, Band 3, Schriften über Frankreich, Frankfurt a. M. 1968, S. 509 f.
6 Helg, Martin: Wie die Eisenbahn die Schweiz veränderte, in: NZZ Geschichte, Nr. 30, Februar 2019, S. 35.
7 Ford, Henry: Mein Leben und Werk, Leipzig 1923, S. 26 f.
8 Kaschuba, a. a. O., S. 180.
9 Ford, a. a. O., S. VI.
10 Moore, Tim: T wie Trouble. Mit Ford Tin Lizzy durch Trumps Amerika, Bielefeld 2019, S. 352.
11 De Beauvoir, Simone: In den besten Jahren, Reinbek bei Hamburg 1969, S. 278.
12 Grant, Richard: Ghost Riders. Reisen mit amerikanischen Nomaden, Berlin, 2003, S. 66.
13 NZZ, 26. September 2020, S. 49.
14 De Beauvoir, Simone: a. a. O., S. 73 f.
15 Zweig, Stefan: Castellio gegen Calvin oder ein Gewissen gegen die Gewalt, Frankfurt a. M. 1999, S. 13.

2. Der Mensch als mobiles Wesen

1 NZZ Folio, März 2009, «Entscheidungen», S. 3.
2 Kahneman, Daniel: Schnelles Denken, langsames Denken, München 2011, S. 33.
3 Koch, Christof: Koch, Christof, Bewusstsein – ein neurobiologisches Rätsel, S. XIII.
4 Bundesamt für Raumplanung: Dichte und Mobilitätsverhalten, März 2018.
5 Kaschuba, a. a. O., S. 183 f.
6 Der Spiegel, 52/2018, S. 93.
7 Kaschuba, a. a. O., S. 189.
8 Der Spiegel, 21/2021, S. 73.
9 Siehe https://www.spiegel.de/auto/fahrberichte/mercedes-amg-glc-63-aufgedonnerter-suv-mit-v8-motor-a-1177063.html (17. 6. 2021).
10 Der Bund, 12. Oktober 2020, S. 28.
11 NZZ, 7. November 2019, S. 21.
12 NZZ, 14. September 2018, S. 19.
13 Das Magazin, 17 – 2020, S. 5.

3. Institutionelle Voraussetzungen

1 Kolb, Annete (Hrsg.): Infrastruktur und Herrschaftsorganisation im Imperium Romanum, Berlin, 2014, S. 9–16.
2 NZZ, 9. Dezember 2020, S. 22.
3 Siehe https://de.statista.com/themen/4709/schienenverkehr-in-der-schweiz/#dossierSummary (17. 6. 2021).
4 Siehe https://de.statista.com/themen/3280/schienenpersonenver

kehr-in-oesterreich/#dossier Summary (17.6.2021).

5 Siehe https://www.deutschebahn.com/de/konzern/Wettbewerb/verkehr_politik-3844352 (17.6.2021).

6 NZZ, 13. Oktober 2020, S. 9.

7 Der Spiegel, 23/2020, S. 73.

8 Der Spiegel, 36/2020, S. 64.

9 NZZ, 24. November 2020, S. 9.

10 Siehe https://www.gov.uk/government/news/great-british-railways-for-the-passenger (17.6.2021).

11 Rede von Bundesrat Alain Berset anlässlich der 55. Solothurner Filmtage am 22.1.2020.

4. Blick zurück: Entwicklungen und gescheiterte Träume

1 Rossberg, Ralf Roman: Geschichte der Eisenbahn, Frankfurt a. M., 1984, S. 10 ff.

2 Kaschuba, a. a. O., S. 193.

3 Siehe https://www.spiegel.de/geschichte/erfindung-des-rollkoffers-a-947400.html (17.6.2021).

4 Rossberg, a. a. O., S. 528 ff.

5 Kaschuba, a. a. O., S. 245.

6 Der Spiegel, 4/2018, S. 105.

5. Was auf uns zukommt

1 Taleb, Nassim Nicolas: Der Schwarze Schwan, München 2008, S. 10.

2 Radkau, Joachim: Geschichte der Zukunft. Prognosen, Visionen, Irrungen in Deutschland von 1945 bis heute, München, 2017.

3 Knoflacher Hermann, Wawruschka Celine: Evolution und Degeneration der Stadt, Wien 2020, S. 68.

4 Osterhammel, Jürgen: Die Verwandlung der Welt, München 2009, S. 258 ff.

5 Immerfall, Stefan, Wasner, Barbara: Freizeit, Opladen & Farmington Hills, 2001, S. 20.

6 Ebd., S. 46.

7 Der Spiegel, 20/2021, S. 66.

8 Die Zeit, 46/1990, S. 25.

9 Der Spiegel, 11/1991, S. 76 ff.

10 Stern 11/1992, S. 3 ff.

11 Republik 2019/02/28.

12 Mikrozensus Mobilität und Verkehr in der Schweiz 2015, S. 33.

13 NZZ, 12. April 2019, S. 14.

6. Kriterien für eine nachhaltige Mobilität

1 NZZ, 29. November 2018, https://www.nzz.ch/schweiz/astra-direktor-es-braucht-einfallsachsen-in-die-staedte-hinein-ld.1440480 (17.6.2021).

2 Siehe https://mobilon.ch/?p=90 (17.6.2021).

3 NZZ, 3. November 2017, S. 24.

4 Bau-, Verkehrs- und Energiedirektion des Kantons Bern: Reduktion des Energieverbrauchs im Verkehr, Bericht 2015, S. 14.

5 Siehe https://www.umweltbundesamt.de/themen/verkehr-laerm/emissionsdaten (17.6.2021).

6 Der Bund, 19. Dezember 2018, S. 7.

7 Siehe https://trimis.ec.europa.eu/sites/default/files/project/documents/20150714_173804_46377_21363_1345_Inhalt.pdf (17.6.2021).

7. Transformationen

1 Siehe NZZ, 7. November 2019, S. 12.

2 Siehe https://www.future-heidererefinery.com/ (17.6.2021).

3 Siehe https://caphenia.tech/unsere-vision/ (17.6.2021).
4 NZZ, 26. März 2020, S. 18.
5 Der Spiegel, 38/2015, S. 115.
6 Frankfurter Allgemeine Zeitung, 21. April 2019, S. 16.
7 Der Spiegel, 49/2020, S. 72 ff.
8 Der Spiegel, 40/2020, S. 96.
9 Graeme Maxton: Change – Warum wir eine radikale Wende brauchen, München 2019, S. 81 f.
10 Der Bund, 16. Dezember 2020, S. 31.
11 Der Spiegel, 43/2017, S. 116.
12 Sonntagszeitung, 1. März 2020, S. 15.
13 NZZ, 2. März 2018, S. 64.
14 Der Spiegel, 6/2020, S. 105.
15 Sonntagszeitung, 7. Juni 2020, S. 18.
16 NZZ, 15. September 2017, S. 61.
17 NZZ, 21. April 2018, S. 32.
18 NZZ, 28. November 2020, S. 58.
19 NZZ, 20. Januar 2021, S. 16.
20 NZZ, 2. April 2021, S. 21.
21 Bilanz, 03/2020, S. 83.
22 Uber-Chef Rasoul Jalali im Interview mit der NZZ, 16. November 2016, S. 18.
23 Sonntagszeitung, 15. Januar 2017, S. 37.
24 NZZ, 8. Juni 2020, S. 17.
25 NZZ, 20. Dezember 2020, S. 24.
26 NZZ, 27. Mai 2019, S. 20.
27 Sonntagszeitung, 1. März 2020, S. 16.
28 Der Spiegel, 19/2019, S. 62.
29 NZZ, 7. Juni 2019, S. 1 und 17.
31 NZZ, 24. April 2019, S. 38.
31 Der Spiegel, 2/2021, S. 62 f.
32 Ebd.
33 Siehe https://www.manager-magazin.de/unternehmen/autoindustrie/daimler-tochter-moovel-wir-wollen-das-amazon-der-mobilitaet-werden-a-993755.html (17.6.2021).
34 NZZ, 28. August 2019, S. 13.
35 Der Spiegel, 45/2017, S. 108.
36 Siehe https://www.handelszeitung.ch/unternehmen/neues-kapital-und-neuer-rekord-fur-den-hyperloop (17.6.2021).
37 Siehe https://hyperloop-one.com/route-estimator/dubai-ae/abu-dhabi-ae/travel-times (17.6.2021).
38 NZZ, 28. Juli 2017, S. 13.
39 Der Bund, 24. Januar 2018, S. 6 und https://www.cst.ch/was-ist-cst/ (17.6.2021).
40 Radkau, a.a.O., S. 133.
41 Ebd., S. 139.
42 Ebd., S. 148.
43 Bohn, a.a.O., S. 12.
44 Ebd., S. 10.
45 Ebd., S. 100.
46 Der Spiegel, 38/2020, S. 82.
47 Siehe https://www.faz.net/aktuell/technik-motor/deutsche-bahn-1500-meter-lange-gueterzuege-12010131.html (17.6.2021).
48 NZZ, 8. Mai 2018, S. 60.

8. Güter und enge Räume

1 NZZ, 17. Oktober 2020, S. 57.
2 Siehe https://www.vcoe.at/publikationen/vcoe-factsheets/detail/vcoe-factsheet-mit-parkplatz-management-verkehr-nachhaltig-steuern (17.6.2021).
3 NZZ, 4. Dezember 2020, S. 16.
4 Knoflacher, Hermann, Wawruschka, Celine: Evolution und Degeneration der Stadt, Wien 2020, S. 99 f.
5 Loderer, Benedikt: Urban-Schweiz, Benzin-Schweiz, in: NZZ Folio 6/2019, S. 62.
6 Ebd., S. 103.
7 Der Spiegel, 28/2020, S. 96.
8 Der Spiegel, 38/2020, S. 64.
9 NZZ, 7. Oktober 2020, S. 4.

10 NZZ, 17. September 2020, S. 4.
11 NZZ, 7. Oktober 2020, S. 3.
12 NZZ, 10. Juni 2020, S. 7.

9. Mobilitätsformen unter der Lupe

1 Siehe https://www.bund-berlin.de/themen/mobilitaet/fussverkehr/buergersteige-und-fussgaenger uebergaenge/ (17. 6. 2021).
2 Mobilität in Deutschland, Kurzreport, Ausgabe September 2019, S. 10.
3 Siehe https://fussverkehr.ch/wordpress/wp-content/uploads/2016/09/180405_Comp tages_D_def.pdf (17. 6. 2021).
4 Bundesamt für Raumplanung: Dichte und Mobilitätsverhalten, 2018, S. 15.
5 Knoflacher/Wawruschka, a. a. O., S, 124.
6 Frankfurter Allgemeine Sonntagszeitung, 21. April 2019, S. 37.
7 Bohn, a. a. O., S. 46.
8 Ebd., S. 84.
9 Siehe https://www.zukunft-mobili taet.net/41494/binnenschifffahrt-seeschifffahrt/bedeutung-container schifffahrt-gegenwart-volumen/ (17. 6. 2021).
10 Ebd., S. 25.
11 Ebd., S. 88.
12 Der Spiegel, 33/2019, S. 47.
13 Ebd., S. 48 ff.
14 Bohn, a. a. O., S. 10.
15 Ebd., S. 43.
16 Ebd., S. 54.
17 Ebd., S, 59.
18 Ebd., S. 113.
19 Ebd., S. 115.
20 Zentralkommission für die Rheinschifffahrt, Jahresbericht Marktbeobachtung 2020.
21 Siehe https://news.ihk.digital/newsletter/ihk-wuerzburg/EcoPost/Mai2018/IMO-Globale-Schifffahrt-legt-erstmals-Klimaziele-fest.html?pk_campaign=EcoPost-Mai2018&pk_kwd=IMO-Globale-Schifffahrt-legt-erstmals-Klimaziele-fest.html (17. 6. 2021).
22 Der Spiegel, 10/2021, S. 68 ff.
23 NZZ, 17.März 2021, S. 7.
24 NZZ, 20.12.2019, S. 12.
25 GRV-Nachrichten, Dezember 2020, S. 9.
26 Das Magazin, 42/2020, S. 20.
27 Peter Sloterdijk, in: Der Bund, 14. 3. 2015, S. 3.
28 Kaschuba, a. a. O., S. 134.
29 NZZ, 3. 11. 2020, S. 21.
30 Ebd.
31 Der Bund, 9. August 2016, S. 7.
32 NZZ, 4. Juli 2017, S. 12.
33 Reiner Eichenberger, in: Sonntagszeitung, 14. Januar 2018, S. 22.
34 NZZ, 1. Dezember 2020, S. 11.
35 NZZ, 18. Juli 2020, S. 43.
36 Der Spiegel, 48/2020, S. 44.
37 Scharffenberg, Salomon: No Car. Eine Streitschrift über die Mobilität der Zukunft, München 2019, S. 13.
38 Ebd., S. 9.
39 Loderer, Benedikt: a. a. O., S. 64.
40 Der Spiegel, 49/2020, S. 72.
41 NZZ, 9. März 2021, S. 22.
42 NZZ, 19. März 2021, S. 22 u. 26.
43 Der Spiegel, 26/2020, S. 63.
44 NZZ, 17. Februar 2021, S. 22.
45 Der Spiegel, 46/2020, S. 84.
46 NZZ, 4. Januar 2021, S. 17.
47 Der Spiegel, 15/2021, S. 69.
48 Der Spiegel, 5/2021, S. 61.
49 Der Spiegel, 51/2020, S. 66.
50 NZZ, 14. Dezember 2017, S. 15.
51 Sonntagszeitung, 25. 8. 2019, S. 39.
52 Umwelt Bundessamt, Texte 33/2018, S. 12.
53 Ebd., S. 14.
54 Bundesamt für Zivilluftfahrt:

CO2-Emissionen des Luftverkehrs, Januar 2020, S. 2.

55 NZZ, 19. September 2020, S. 58 f.

56 Siehe https://ethz.ch/de/news-und-veranstaltungen/eth-news/news/2021/01/wie-fliegen-wir-kuenftig-klimaneutral.html (17. 6. 2021).

57 Siehe https://www.zeit.de/2021/03/klimaneutrale-luftfahrt-lufthansa-flugverkehr-technologie-klimaschutz (17. 6. 2021).

58 NZZ, 20. Februar 2021, S. 54.

59 NZZ, 30. September 2020, S. 7.

60 Der Spiegel, 5/2021, S. 12.

61 Siehe https://aviationbenefits.org/media/167158/bgr20_final.pdf (17. 6. 2021).

62 Siehe https://www.airliners.de/geschaeftsreisen-corona-auswirkungen-gastbeitrag/55011 (17. 6. 2021).

63 NZZ, 4. Juli 2020, S. 21.

64 Der Spiegel, 45/2020, S. 126

65 Plüss, Matthias: Weniger ist weniger – Klimafreundlich leben von A–Z, Basel 2020, Stichwort Fliegen.

66 Graeme, Maxton: Change! Warum wir eine radikale Wende brauchen, München 2018, S. 89.

67 https://www.handelsblatt.com/unternehmen/handel-konsumgueter/luftverkehrswirtschaft-masterplan-der-luftfahrt-so-soll-fliegen-klimaneutral-werden/26716544.html (23. 6. 2021).

68 NZZ, 28. November 2018, S. 29.

69 Siehe https://static1.businessinsider.com/bird-scooters-lost-100-million-q1-wants-raise-more-report-2019-7 (17. 6. 2021).

70 Siehe https://www.theverge.com/2020/4/23/21231802/bird-electric-scooter-company-workplace-culture-layoffs (17. 6. 2021).

71 Siehe https://www.republik.ch/2018/10/19/das-meistgehasste-fahrzeug-der-stadt (17. 6. 2021).

72 Sonntagszeitung, 7. Juni 2020, S. 45.

10. Wie die Zukunft zu meistern ist

1 Siehe https://trimis.ec.europa.eu/sites/default/files/project/documents/20150826_172017_91880_SVI_2000_383.pdf (17. 6. 2021).

2 Siehe https://www.avenir-suisse.ch/smart-traffic-in-singapur/ (17. 6. 2021).

3 Eidgenössisches Departement für Umwelt, Verkehr und Energie: Mobility Pricing, Wirkungsanalyse am Beispiel der Region Zug sowie Abklärungen zu technischer Machbarkeit und Datenschutz, 13. Dezember 2019.

4 Ebd., S. 5.

5 Siehe https://www.sciencedirect.com/science/article/pii/S2212096314000163?via%3Dihub (17. 6. 2021).

6 Munich-Re-Chef Joachim Wenning, in: NZZ, 22. März 2021, S. 23.

7 Der Spiegel, 8/2021, S. 10.

8 Schweizerisches Departement für Umwelt, Verkehr, Energie und Kommunikation: Kenngrössen zur Entwicklung der Treibhausgasemissionen in der Schweiz, aktualisiert im April 2021.

9 Siehe https://www.iea.org/reports/net-zero-by-2050 (17. 6. 2021).

10 Der Spiegel, 20/2021, S. 67.